国家出版基金项目
NATIONAL PUBLICATION FOUNDATION

内地
社会工作实务手册
香港督导经验汇编

香港·社会服务发展研究中心　主编

学校社会工作实务手册

XUEXIAO SHEHUI GONGZUO SHIWU SHOUCE

香港·社会服务发展研究中心　著

中山大学出版社
SUN YAT-SEN UNIVERSITY PRESS
·广州·

图书出版编目（CIP）数据

学校社会工作实务手册/香港·社会服务发展研究中心著.—广州：中山大学出版社，2013.6

（内地社会工作实务手册：香港督导经验汇编/香港·社会服务发展研究中心 主编）

ISBN 978-7-306-04405-1

Ⅰ. ①学… Ⅱ. ①香… Ⅲ. ①学校－社会工作－中国－手册 Ⅳ. ①G520-62

中国版本图书馆CIP数据核字(2012)第309686号

出 版 人：徐 劲
策划编辑：葛 洪
责任编辑：葛 洪
封面设计：曾 斌
装帧设计：林绵华
责任校对：曾育林
责任技编：何雅涛
出版发行：中山大学出版社
电 话：编辑部 020-84111996,84113349,84110779,84111997
发行部 020-84111998,84111981,84111160
地 址：广州市新港西路135号
邮 编：510275 传 真：020-84036565
网 址：http://www.zsup.com.cn E-mail:zdcbs@mail.sysu.edu.cn
印 刷 者：广州市怡升印刷有限公司
规 格：787mm×1092mm 1/16 13.25印张 163千字
版次印次：2013年6月第1版 2013年6月第1次印刷
印 数：1～5000册 定 价：38.00元

《学校社会工作实务手册》

编委会成员及鸣谢名单

编委会

周敏姬　梁祖彬　李永伟　赵芊岚(香港家庭福利会)

陈伟业

鸣谢

深圳社会服务机构及社工

特别说明

业内通常将社会工作者、社会工作一并简称为“社工”，循此惯例，本书行文间未对二者加以严格区分，一律简称“社工”，特此说明。

内容介绍

●专业社工如何在学校开展个案、小组和活动，与家长、学校等各方人员共同协助学生发展潜能，以解决影响学生健康成长问题

●特别介绍如何在从属服务单位整合和管理人力资源

●介绍当前中国学校社工面对的若干重大挑战，如双头管理问题，对实例加以讨论和分析

●介绍社工起步阶段推广、宣传学校社工的阶段、方法

●学校引入外来督导或培训本土督导的可行模式

●学校社工与不同人士——学校领袖、学生及家长等建立工作关系技巧

●典型个案：行动问题学生个案

●小组：人际交往小组

●活动参考：认识人际关系讲座

前言

自党的十六届六中全会提出“建设宏大的社会工作人才队伍”任务以来，内地社会工作即开始步入蓬勃发展的轨道。2010年，国务院又明确提出要培养造就一支职业化、专业化的社会工作人才队伍，到2020年使我国社会工作人才总量达到300万人。关于社会工作一系列重大方针政策的出台，无疑标志着我国的社会工作正在迎来一个蓬勃发展的真正春天。

但事实上，内地社会工作依然处于起步阶段，服务使用者对于社会工作或者有所顾虑，或者未必愿意使用，社会工作者的专业角色、专业身份也难以得到应有的肯定。因而，就目前内地社会工作的发展而论，无论是政府、社工机构还是前线社工，都尚存在诸多迷茫。那么，究竟应该如何定义社工，社工到底又该扮演何种角色呢？

所谓社工，乃是系统接受过社会工作专业训练，包括社工价值及理念、个案/小组/社区工作方法及技巧、社会心理学、社会学、统计学、社会行政管理等训练的人员。就其属性而言，社工是一种需要付出有偿劳动的专门职业，通过对人的需要、人与社会不同系统之间互动关系的能动理解，以科学的步骤、计划、方式，介入服务对象的问题理解、问题解决过程，以提升其问题解决能力，并通过促进社会环境的改善而使人生活得更加幸福和谐。在实务工作中，社工担负着诸如危机评估者、倡导者、协调者、经纪人、教育者、赋权者、研究者、辅导者、策划者、关怀者及资源审批者等多重专业角色。究其本质，社会工作者不仅根本区别于“工、青、妇”等组织的工作人员，而且也不等同于民政工作者，更不同于街道、居委会工作人员。因而，突破传统理念的束缚，建设宏大的现代社会工作人才队伍，对于内地社工事业而言，是一项任重而道远的事业。

经过长期不懈的努力，以中西荟萃的政治、经济、文化为发展背景的香港地区，已经较为成功地建立了一套现代社会服务模式，并建立了较为成熟的专业社会工作体系。值

前言

此内地社会工作发展的春天来临之际，加强社会服务经验交流、促进社会服务工作配合，充分发挥香港作为内地改革开放“桥头堡”作用，无论是对香港地区还是对内地社会服务事业发展都会有莫大的裨益。

促进香港与内地社会福利服务的交流和发展，是社会服务发展研究中心（以下简称“社研”）成立的根本宗旨。自2008年起，“社研”便与深圳市社会工作者协会就“深圳计划”展开合作。通过组织香港社会服务机构的资深社工赴深圳为社工提供督导服务，“深圳计划”已经取得了良好成效。受人力及地域等因素的限制，为全国提供督导服务并完成国务院2010年所提出的至2020年培养300万名专业社会工作人才的任务，对于至2011年11月1日仅拥有16608名注册社工的香港而言，几乎是难以完成的使命。针对近年来内地已经出版涉及社会工作各服务领域的很多理论著作，但实务技巧指导书籍相对缺乏的实际情况，“社研”组织此次参与内性而言，社工是一种需要付出有偿劳动的专门职业，通过对人的需要、人与社会不同系统之间互动关系的能动理解，以科学的步骤、计划、方式，介入服务对象的问题理解、问题解决过程，以提升其问题解决能力，并通过促进社会环境的改善而使人生活得更加幸福和谐。在实务工作中，社工担负着诸如危机评估者、倡导者、协调者、经纪人、教育者、赋权者、研究者、辅导者、策划者、关怀者及资源审批者等多重专业角色。究其本质，社会工作者不仅根本区别于“工、青、妇”等组织的工作人员，而且也不等同于民政工作者，更不同于街道、居委会工作人员。因而，突破传统理念的束缚，建设宏大的现代社会工作人才队伍，对于内地社工事业而言，是一项任重而道远的事业。

经过长期不懈的努力，以中西荟萃的政治、经济、文化为发展背景的香港地区，已经较为成功地建立了一套现代社会服务模式，并建立了较为成熟的专业社会工作体系。值此内地社会工作发展的春天来临之际，加强社会服务经验交流、促进社会服务工作配合，充分发挥香港作为内地改革开放“桥头堡”作用，无论是对香港地区还是对内地社会服务事业发展都会有莫大的裨益。

促进香港与内地社会福利服务的交流和发展，是社会服务发展研究中心（以下简称“社研”）成立的根本宗旨。自2008年起，“社研”便与深圳市社会工作者协会就“深圳计划”展开合作。通过组织香港社会服务机构的资深社工赴深圳为社工提供督导服务，“深圳计划”已经取得了良好成效。受人力及地域等因素的限制，为全国提供督导服务并完成国务院2010年所提出的至2020年培养300万名专业社会工作人才的任务，对于至2011年11月1日仅拥有16608名注册社工的香港而言，几乎是难以完成的使命。针对近年来内地已经出版涉及社会工作各服务领域的很多理论著作，但实务技巧指导书籍相对缺乏的实际情况，“社研”组织此次参与内

序一

中华人民共和国民政部　罗平飞副部长

作为许多国家和地区深化社会服务、创新社会管理、加强社会建设的一项重要制度安排，专业社会工作的兴起和发展，是人类文明进步的一个重要标志。发展专业社会工作，加强专业社会工作人才队伍建设，是中央政府在深刻总结国内外经济社会发展经验、全面把握我国社会发展阶段性特征的基础上，从国家发展全局出发实施的一项重大举措。

近年来，在中央政府高度重视和大力推动下，内地专业社会工作政策制度日益健全、体制机制不断完善、试点实践渐趋深入、载体平台逐步夯实、水平评价稳步推进、教育培养快速发展。专业社会工作在维护社会公平正义、倡导诚信友爱、调节社会关系、激发社会活力、保障社会秩序等方面的职能作用日渐显现。随着《关于加强社会工作专业人才队伍建设的意见》和《社会工作专业人才队伍建设中长期规划（2011—2020年）》的发布实施，内地专业社会工作正迎来新的发展机遇、进入新的发展阶段。而如何切实贯彻落实国家关于专业社会工作的整体部署和政策要求，加快引进先行国家和地区的经验，尽快提升专业社会工作实践水平，不仅是当前和今后一个时期内地社会工作发展所面临的一项重要任务，也是需要着力破解的一道重大难题。

香港是中国乃至世界专业社会工作发展水平较高的地区。香港社会工作界积极参与内地专业社会工作事务，在合作实施专业社会工作服务项目、协助督导社会工作专业人才、促进专业社会工作实务发展等方面，为内地做了大量工作，创造了不少具有内地风格、体现内地特点的鲜活经验。总结、提炼这些好的经验，对于指导内地专业社会工作发展，显然具有非常重要的意义。作为相对系统而全面地总结、梳理、提炼了内地专业社会工作实务经验的一项有益尝试，社会服务发展研究中心策划编撰的《内地社会工作实务手册：香港督导经验汇编》，是适应内地专业社会工作实践发展需求的一项创新性探索。相信这套《内地社会工作实务手册》的出版，必将进一步丰富内地专业社会工作的研究成果、提升内地社会工作的实务水平。

2011年11月

序二

中央人民政府驻香港特别行政区联络办公室社会工作部
张铁夫部长

值此全国“两会”召开之际，社会服务发展研究中心的又一力作——内地《社会工作实务手册：香港督导经验汇编》（以下简称《实务手册》）。这套《实务手册》的出版，不仅对于帮助内地社工成长具有重大意义，对于有志进入内地工作的香港社工也大有裨益，我谨在此表示衷心的祝贺。

经过多年不懈的努力，在推动香港与内地社会工作专业的交流与合作方面，社会服务发展研究中心因取得丰硕成果而屡获国家有关部门、地方政府，尤其是民政部门的好评。2007年至今，为配合国家大力推进社工人才队伍建设工作，“社研”团结香港业界力量，组织、派遣近百名资深香港社工督导，为深圳、东莞、广州等地提供督导及培训服务，极大地促进了上述诸地社工人才队伍建设，赢得了业界人士和内地有关部门的赞誉。凝聚“社研”辛勤劳动的汗水的内地

序二

社工专业的快速发展，体现了香港同胞关心、支持祖国内地社会建设，服务内地同胞的诚挚感情，我对此深表敬佩。

这次社会服务发展研究中心组织参与内地服务的香港督导所撰写的《内地社会工作实务手册：香港督导经验汇编》，作为香港督导参与内地社工督导过程的经验总结，是继《先行先试：深圳社工专业闪亮点》一书之后的又一重大成果。旨在推行社会服务理论与规范的《实务手册》，涉及“禁毒”、“学校”、“医务”、“家庭”、“社区”五大社会工作领域以及“正向心理学”，既有理论阐述，更侧重实务技巧与案例分析，是这套《实务手册》的基本特色。这套《实务手册》深入浅出，一册在手，就能让从业者基本掌握专业操作方法，十分值得内地社会工作者悉心研读。

党的十六届六中全会将建设宏大的社会工作人才队伍确定为战略决策，而在民政部的推动下，内地各级政府近年来均在积极发展专业社会工作。而培养造就一支职业化、专业化的社会工作人才队伍，使全国社会工作人才总量在2020年达到300万人，已经被确立为国家的一项重要战略任务。由此可以预见的是，社会工作正迎来蓬勃发展的美好明天。在此，我衷心希望社会服务发展研究中心一如既往地团结界内有志机构和同工，进一步扩大与内地开展专业交流和务实合作的区域与范围，打造与内地真诚交流、务实合作的品牌。为此，我希望社会服务发展研究中心继续不懈努力，为深化内地及香港社会工作专业发展，推动社会福利服务事业作出新的更大贡献。

2011年11月

序三

香港特别行政区政府社会福利署　聂德权署长

在2011年4月出版《先行先试：深圳社工专业闪亮点》至今的短短大半年间，社会服务发展研究中心又编撰了一套6册的《内地社会工作实务手册：香港督导经验汇编》（以下简称《实务手册》），共6册，就“禁毒”、“学校”、“医务”、“家庭”、“社区”社会工作及“正向心理学”六大社会工作范畴阐述了相关经验、实务技巧和案例。这套《实务手册》的出版，对于极为渴求实务操作知识的内地社会工作者来说，实在是一件难能可贵的事情。

香港的社会工作能够稳健发展，新旧社会工作者能够交替承传，新入职社会工作者可以顺利肩负起不同类别的社会工作，除了有赖资深督导人员的教导外，也十分倚重各类在业界广泛使用的程序指引及工作手册，它们使社工得以应付不同服务的要求。内地的社会工作刚刚起步，需要更多方面的专业化支持，包括督导人员、工作标准、程序指引和工作手册，以让社会工作者更易掌握社会工作理论在实务方面的应用，从而提升工作成效。今天，有赖香港经验丰富的督导人员，透过“深圳社工计划”及其在东莞及“珠三角”地区合作开展的社工培训计划，将他们宝贵的实战经验广泛流传，使内地更多社工能够更快地掌握基本的社会工作实际技巧，进而发挥所学，实践社会工作手法，助人自助，解决个人及社会问题。这套《实务手册》更难能可贵之处在于，将香港地区经验与内地的具体国情有机结合起来。以医务社会工作为例，在处理“三无”病患及内地医患矛盾的同时，也将香港“以儿童为重，家庭为本，社区为基础”的先进服务理念及“一站式服务”手法推展至内地。同时，这套《实务手册》十分重视成效评估，因而提供了详尽的标准和指标，以供社工实际应用。而值得特别一提的是，这套《实务手册》还加入了正向心理学元素，从而在强调处理病态问题的同时，更将社会工作对象延展至正常人。倡导正向心理的目的，乃是透过“全人乐·乐传人”理念，增强社会工作者及受助人的抗逆能力，使其建立积极乐观的人生态度。

序三

这套《实务手册》，实在是香港社会工作督导人员辛劳努力的成果和智力心血的结晶。据此，也可以看出他们默默服务于内地专业社会工作的奉献精神及其为推动内地社会工作发展而敢于担当的责任感和使命感。在为这一崇高精神喝彩之余，我谨此向他们致以万分的敬意。最后，我也借此机会，感谢社会服务发展研究中心（“社研”）一直以来为推动内地社工督导和培训所付出的辛苦和努力。联系香港和内地社会福利界，拉近香港和内地社会工作者的距离，无疑是近年来“社研”的一以贯之的努力方向。为此，我衷心祝愿“社研”在向内地推展社会工作方面能继续取得更大的成就。

2011年11月

序四

深圳市社会工作者协会　李锦灶会长

首先，我热烈祝贺香港社会服务发展研究中心（“社研”）的大作——《内地社会工作实务手册：香港督导经验汇编》的出版问世！

承蒙“社研”邱浩波主席的厚意，邀我为该套手册撰写序言，感谢之至。我非专家学者，更非社会名流，充其量只是一位社会工作爱好者，顶多也只能算作一位热心于推动社会工作发展的实际工作者。本不够资格作序的我，出于合作伙伴的友情，不便推辞，只好滥竽充数。

香港在专业化社会工作和社会服务方面，已经积累了70多年的经验。而包括深圳在内的内地各省市，在这方面仅仅是刚刚起步。有幸的是，我们有香港经验可以借鉴，因而可以走些捷径。也就是说，我们可以站在巨人的肩膀上去攀登高峰。

“社研”一直致力于促进香港与内地社会服务机构的交流与合作，真诚协助内地发展社工专业服务。自2008年开始，“社研”即开始与本会携手合作实施“深圳社工计划”，从而促进了深圳专业化社会工作的大发展，并使深圳成为引领内地社工制度创新城市，为全国起到了带头示范作用。借此机会，我谨以深圳社会工作协会会长的名义道一声：“香港社会服务发展研究中心的同仁们，感谢你们对我们的帮助和指导！”

我读了“社研”邱主席发来的关于《内地社会工作实务手册：香港督导经验汇编》（以下简称《实务手册》）简介的邮件，受益匪浅。这套《实务手册》共6册，包括“禁毒”、“学校”、“医务”、“家庭”、“社区”社会工作以及“正向心理学”。这套《实务手册》介绍了上述领域社工的专业操守、服务内容、工作范围、专业价值、评估标准、服务素质、服务流程和模式等。它不仅是一线社工、初级督导的指导教材，同时也是社工机构的管理指南，还可以说是广大社会工作者的良师益友。更难能可贵的是，这套《实务手册》能切实结合中国内地具体情况，以探索社会工作本土化这一重大命题，这无疑将对包括深圳在内的内地社会工作专业化、本土化进程起到巨大的推动和加速作用。

2011年11月

序五

社会服务发展研究中心主席 邱浩波太平绅士

一直以来，社会服务发展研究中心始终致力于推动内地及香港本地社会服务事业的发展。自2008年3月起，“社研”即开始与深圳市社会工作者协会合作实施“深圳社工计划”，先后组织香港的15间社会服务机构派出资深社工为深圳社工提供督导服务。这次深港两地的务实合作，使深圳分享了香港在社会工作实务及制度方面所积累的宝贵经验。截至目前，“社研”所派出的约60名香港社工督导，累计督导深圳社工已超过千人，而且已为深圳培养出了一批优秀的初级社工督导。在2011年10月21日专门举办的表彰大会上，“社研”、“深圳社工计划”的协办机构及香港督导的贡献，受到深圳市政府的正式表彰和高度肯定。尽管“深圳社工计划”已经取得了丰硕成果，但“社研”依然未敢稍加懈怠，而是刻不容缓地于广州、东莞以及内地其他地区，积极开展培养专业社工队伍的工作。上述的不懈努力，现均已初见成效。

序五

因为我们深知以文字保存这些珍贵工作经验的重要性，所以先于2010年4月出版了《先行先试：深圳社工专业闪亮点》。鉴于社会对该书反响十分热烈，而且内地业界对实务技巧指导书籍需求量也非常大等因素，故而“社研”再次组织编撰了这套《内地社会工作实务手册：香港督导经验汇编》（以下简称《实务手册》）。这套《实务手册》共6册，内容涉及“禁毒”、“学校”、“医务”、“家庭”、“社区”社会工作以及“正向心理学”，其他社会工作领域的实务手册也已纳入编撰出版规划。我们认为，尽管不是所有内地社工都有机会接受香港督导的培训，但这套《实务手册》完全可以协助内地社工掌握基本服务工作手法并在内地各省市开展社工服务。就其基本特征而言，《实务手册》实际上不是一套介绍香港社会服务的实务手册，而是切合内地实际情形和具体需求，融香港一般性实务技巧与香港社工督导在内地推行社会服务的本土化经验为一体，兼具本土化与专业性两大鲜明特征的实务手册。

在此，我要特别鸣谢不辞劳苦地贡献于国家的“社研”的相关人员、香港督导以及内地社工，还有这套《实务手册》编撰小组的成员们。如果没有你们的辛勤努力，就没有这套集结六大社会服务领域宝贵经验的手册的问世。最后，我还要诚恳地感谢支持并阅读这套《实务手册》的您！

2011年11月

目录

目录

A 服务简介

1.1 社会工作发展背景

1.1.1 社会工作发展背景简述

社会工作发源于英国，再扩展至美国及世界各地。就英美等西方国家而言，社会工作起源于社会救助、救济工作和慈善活动，后逐渐演变成一种以提供社会服务为主的职业。以1601年伊丽莎白《济贫法》颁布实施为标志，英国政府便开始正式介入针对特殊群体的救助、保障和福利事业的组织与管理，此乃政府提供社会服务的正式开端。

欧美国家的社会工作起源于19世纪末的各种志愿性、慈善性、专职性社会救助事业。如英国在1869年成立的慈善组织协会（COS），运用针对个人问题的个案工作方法，其中“安置运动”和“青年俱乐部运动”所使用的工作形式，可被看做小组社会工作模式的雏形。皇家义务医院于1895年开始雇用专职施赈人员，甄别哪些患者能够承担医疗费，哪些患者需要免费救助，这些医院施赈人员便是医务社会工作者的前身。住宿照顾社会工作，则起源于救助被遗弃儿童的志愿组织。

19世纪以后，社会服务和社会工作在演变过程中渐趋职业化、专业化和专门化。社工所提供的社会服务，日益渗透到社会各个领域和人群。专门化的服务分类，例如家庭和儿童福利、老人服务、康复服务、青少年服务、社区服务、医务服务和犯罪辅导等逐渐应运而生。服务覆盖面逐渐广泛，服务方法专门化，专业介入开始成为正式职业。社工必须经过专业训练并通过专业资格认证，才能注册成为专业社会工作者，而注册后的职业身份是受法律保护的。

1.1.2 内地社会工作发展背景

为实现构建社会主义和谐社会战略目标，在党的十六届六中全会通过的《中共中央关于构建社会主义和谐社会若干重大问题的决定》中，明确提出了“建设宏大的社会工作人才队伍”的战略决策。中共中央首次提出社工人才队伍建设思想，从根本上为各地推进社会工作试点奠定了思想基础。

2007年，中共深圳市委、市政府出台《关于加强社会工作人才队伍建设推进社会工作发展的意见》等“1+7”系列文件（以下简称《意见》），以指导促进社会工作人才队伍的职业化、专业化、社会化。《意见》提出，作为改革开放的“试验田”和“排头兵”，深圳应当在社会建设，包括社会工作方面带头落实中央决策，切实把加强社会工作人才队伍建设，推进社会工作发展作为一项全局性战略任务。加快推进步伐，力争取得较大突破，是《意见》的根本着眼点。《意见》随即成为深圳推进社会工作的规范性文件。

深圳社会工作试点，于2007年8月正式开始。通过“政府支持引导，民间运作”社会工作模式的创建，深圳市政府在积极扶持民间社工机构建设的同时，始终致力于规范社工机构的发展方向。立足于社会工作不同发展阶段，积极探索并不断创新发展社会工作的政府扶持方式，是深圳市政府推进社会工作试点的基本手段。向民间社会工作机构购买岗位服务，是深圳市政府扶持社会工作的早期形态，而资助公益项目，岗位社工和项目社工齐头并进，则是试点后期政府扶持民间社会工作机构，促进社会工作发展的主要方式。到2011年7月，深圳已有民间社工机构44家，包括岗位社工和项目社工在内，全市注册社工已发展至1022名。社工服务也已由区扩展到街道乃至社区，呈现出不断深入发展的基本态势，遍及全市的专业化社会工作网络已经初步形成，服务工作则遍及民政、司法、教育、卫生、社区、信访、计生、人民调解、残疾人、老人、妇儿、禁毒等广泛社会工作领域。

依托毗邻香港的地缘优势，积极学习香港成熟的社工经验，是深圳社工发展一大特色。以引入香港专业督导培训社工督导助理、见习督导为基本手段，在促进督导人才本土化进程的同时，加快社工机构专业团队建设并强化对一线社工的专业指导，以有效提升本土社工实务能力，是深圳社会工作的基本发展路径。与此同时，深圳市政府还高度重视关于社会工作的简章立制工作，始终将规范社会工作的制度建设放在重要位置。迄今为止，深圳市政府已先后制定并颁行了《社工机构行为规范指引》、《社工机构评估办法》、《社工行为准则》、《社工行业投诉处理办法》等规范性文件，深圳社工制度体系、监管体系已经初步建立。

1.1.3 内地学校社会工作发展背景

早在20世纪二三十年代，受西方文化的影响，内地即已显现出学校社会工作雏形。西方的一些志愿团体在内地学校提供各种服务，西方传教士也在内地大学讲授社会服务和社会学等课程，一些受过西方教育的中国知识分子也开始在学校从事社会工作。但在这个时期，学校社会工作仅仅处于初级阶段，在学院培养专业人员、连接贫民教育。一些个人则致力于开展一些改善社会环境和经济条件的实践活动，则是这一时期学校社会工作的主要表现形式。

以全面建设社会主义为根本指导方针，在中华人民共和国成立之后的很长一个时期，国家均将工作重点放在发展工农业生产和社会经济领域，而社会工作则长期处于停滞状态，学校社会工作专业教育及其实践也从此中断。加强思想教育和学生管理，培育学生的正确信念和爱国思想，乃是全部学校工作的主题所在，与社会经济发展紧密结合，是学校工作的本质。这一时期几乎没有将学校社会工作视为一项专业化的社会事业，学校德育工作、共青团和少先队工作，是学校工作的主体。

以20世纪80年代中国实施改革开放为开端，作为社会事业的教育属性逐渐被识别。以解决当时诸多社会问题为立足点，学校社会工作的必要性日渐获得认同，其内容主要涉及辅导和帮助行为偏差的少年、待业青年和心理失衡学生等方面。

2004年，“社会工作者”首次被列入中国职业标准目录，在社会工作系统化和规范化发展的同时，学校社会工作日渐受到重视并缓慢发展起来。2006年10月，中共十六届六中全会发布的《中共中央关于构建社会主义和谐社会若干重大问题的决定》提出：“造就一支结构合理、素质优良的社会工作人才队伍，是构建社会主义和谐社会的迫切需要。”自此，社会工作开始步入全面系统规划阶段。2007年，中共中央首次提出了为每2000名学生提供1名学校社工服务的目标，并确立“一校一社工”的发展目标。

1.1.4 深圳、东莞学校社工服务发展

1. 深圳

作为积极响应中共中央决策的重要举措，深圳市委、市政府印发了“1+7”文件。2007年10月，深圳市民政局确立了按单位设置学校社会工作试点岗位的决策。2008年3月，全国第一批学校社会工作者正式上岗，学校社会工作服务正式开展。来自4间社工机构的78位学校社工，被分派到各区内的中小学中提供专业服务，7位香港督导则为其提供指导和培训。至2011年5月，学校社工岗位已扩至107个，对服务和绩效实施管理的专业社工机构则发展至7家。

图1.1 深圳学校社工培训

深圳学校社工服务的开展，并未很快取得很好的成绩，但在不同地区却获得了不同的效果。这主要受制于两个原因：

其一，学校单位的配合程度影响了社会服务工作的开展。学校社会工作者是全国性的尝试岗位。在无前人经验的情况下去开展专业化的实务工作，无论是学校还是社工机构，都需要适应和磨合。而在学校，则更需要在原有学生管理工作制度中加入新元素、建立新体系。我们发现，在开展服务初期，有些学校能积极配合，为社工提供多方面的支

图1.2 深圳学校社工培训

图1.3　深圳一线社工继续教育培训

持，如提供硬件配备（包括独立办公室、电话线、计算机和文件柜等）、合作机制（多与德育处联系并一同讨论服务发展）和服务管理等，并积极对社工的工作作出反馈。但也有些学校因不太了解学校社工的角色和职能而未能做出配合。有些社工甚至变成了学校的行政人员，没有发挥社工的专业效能。经过不断的自我宣传以及努力展示社工专业成效，目前很多学校已比较支持学校社工的工作，在实务和资源方面给予了越来越多的配合。

其二，社工的专业理论和技巧不够成熟，不容易做出成绩，则是制约学校社会工作发展的另一个因素。而社工缺乏工作经验和人生阅历，难以轻易融入学校环境和制度，也容易导致工作开展不顺乃至错误，从而使学校对社工缺乏信心。事实上，学校社工的确面临着很多挑战。学校的老师、学生和家长都不了解社工的工作，开展服务的过程需要极大的耐性和策略。为此，香港督导在服务过程中给予了很多指导和调解，以便让学校社工解决困难，克服心理障碍。现在，学校社工的专业身份仍未得到普遍认同，在学校和社区推广服务依然任重道远。

尽管如此，深圳学校社工服务，仍然取得了一定的发展成绩，并在一定程度上得到了服务对象和用人单位的认同和支持。而政府也表示仍将继续增加资源，设置新岗位。实际上，这些都是过去几年中学校社工们努力的成果。当前，学校社工服务的本土督导已组成了教育领域督导联合会，以共同商讨学校社工服务的事务和发展，从而为其未来的发展奠定了初步基础。

2. 东莞

东莞的学校社工服务始于2009年11月。来自4间社工机构的20名学校社工，分布在10所中学里，由市民政局直接管理。到目前为止，服务提供的模式维持不变。镇辖区也有社工机构自己购买社工岗位的情况，而与前者的区别是这些岗位未必配置了香港督导。

东莞的学校社工服务发展情况与深圳初期差不多。支持的学校愿意提供办公场地和办公用品，共同讨论社工的年度服务计划，并能与社工保持良好、有效的沟通；也有一些学校误用了社工资源，安排他们做行政任务。到目前为止，学校社工服务仍处于一个要努力展示专业效能的阶段。

图1.4　东莞学校社工培训

1.2 学校社工服务的目的，学校社工的角色、工作范畴及道德操守

1.2.1 学校社工服务的目的

校内学生是学校社工的基本服务对象。社工以专业人员的身份在学校中提供服务，与家长和学校各方人员包括校长、学生处老师或班主任等，共同携手帮助学生成长。

学校社会工作的目的主要包括两大方面。

● 协助学生开发潜能和健康成长

通过成长性活动来提升学生的自我认识，学习沟通技巧，树立正确的价值观，使学生成为独立和负责任的人。

● 协助学生解决阻碍他们健康成长的问题

协助学生使教育的收益最大化，其实就是将协助他们解决难题作为第一要务。以小组或个人辅导为介入手法，协助学生解决所面临的问题，如身份危机、学校适应和来自家庭、学习或朋辈的压力等。

1.2.2 学校社工的角色

总的来说，学校社工的角色包括4项。

表1.1 学校社工的角色

角　色	分　工
咨询提供者	学生、老师及家长可以就学生出现的各种困难向社工提出咨询。社工的角色是让咨询者知道如何理解和处理这些问题
辅导者	在接触学生的过程中，如发现学生需要个别跟进以协助他们健康成长，社工便会开展辅导服务。辅导的目的主要是加深学生对自身情况（如个人性格等）的认识，并解决影响他们良好生活的问题
教育者	作为学校教育工作的一员，社工的职责之一是引导学生树立正确的价值观，使他们发展成为拥有正确价值观和良好性格的人。社工提供教育的主题包括情绪教育、自我认识、家庭教育、与人合作及沟通等
资源协调者	社工的工作并非侧重于心理健康，其另一项重要工作内容便是找寻资源帮助有需要的人。在个案层面，社工需要找寻适当资源帮助案主解决问题。这些资源可以是物质资源，也可以是其他资源，例如规范的临时住宿，可以帮助受虐儿童。在活动层面，社工会联系学校以外的资源协助学生学习或成长，让学生的学习形式更加多元化

具体而言，学校社工在不同层面上扮演着不同角色，并承担不同功能。

表1.2 学校社工的角色与功能

一、协助学生解决影响他们学习、社交或情绪的问题	
评估者	● 对学生所面临的问题作出评估 ● 评估哪种专业介入最适合解决学生面临的问题，例如心理学家、精神科医生或老师等 ● 评估哪种手法介入最合适
使能者	● 鼓励并协助学生发掘自己能使用的内在和外在资源，从而满足他们成长的需要 ● 协助家长找出处理孩子提出问题的方法
辅导者	● 加深学生对自己的了解，例如性格和情绪，并协助他们加深对健康成长相关课题的认识 ● 提升家长对家庭如何影响孩子成长的认识，例如家长的态度、管教模式以及家庭关系和家庭动力等对孩子成长的影响
组织者	为面对共同困难的学生组织发展性或治疗性的小组或活动
检讨者	● 定期总结学生的进展，在得到案主的同意下向相关人士反馈 ● 按实际情况重订介入目标或结束服务

续表1.2

二、协助学生发展潜能和健康的成长	
组织者	通过组织教育活动，例如领袖训练、社交技巧训练等，增加学生的自我认识、潜能开发
资源联络者	社工应该发掘并联系可应用的资源，协助学生有效地完成工作
教育者	通过组织并主持多样化的教育性活动，培养学生正确的价值观和分辨是非的能力
三、作为学校、学生和家长的第三方	
调解员	强化不同人或组织的联系和相互认识，从而协助学生适应学校和家庭生活，以达到协助其健康成长的目标
协调者	促进多方人员沟通，建立和谐关系
教育者	通过不同类型的家庭教育活动，使家长了解有关学生的成长需要，从而促进良好家庭关系的形成
顾问	向老师提供关于如何处理学生难题的意见

续表1.2

四、整合社区资源	
资源 整合者	● 找寻合适的社区资源以配合学生的需要，例如转介至精神科医生等 ● 替老师寻找社区资源以进行活动，例如历奇培训、领袖培训等

1.2.3 学校社工的工作范畴

把以上社工角色演绎在日常工作中，决定了社工工作的两个基本范畴。

1. 个案工作

■透过不同类型的宣传、入班活动及课余接触与认识，识别潜在有特殊需要的学生。

■对有需要深入跟进的学生进行个别跟进。介入方式包括面谈，邀请学生参加小组活动。

■通过与多方合作，包括老师、家长等，解决学生的困难。

2. 教育性活动或小组活动

■主办校本课程或班会课，使学生树立正确的价值观。

■在课余时间主办小组或成长性活动，例如迎新活动，以主题性形式发掘学生的潜能和增加自我认识。

■拓展学生视野。联系校外资源带领学生走出学校，接触更多的人和事，丰富学生的成长经验。

3. 与学校合作

共同举办活动，例如道德教育、领袖培训等活动。

图1.5 小组活动

1.2.4 学校社工的道德操守

社会服务一直强调专业社工人员价值观和道德操守的重要性。价值观和道德操守是保证社工专业操守的基础。严守专业操守，是为了保障服务使用者的权益，使其避免受到不必要的伤害。

根据全国社会工作者职业水平考试教材组2007年编写的教材，国际社会认同的社工价值观包括6个方面。

（1）服务——社会工作者应当超越个人利益为他人提供专业服务。

（2）社会公正——社会工作者追求社会变革，特别是为弱势群体工作，并代表他们寻求社会变革。

（3）个人尊严和价值——社会工作者意识到个体差异和文化、种族多元性，对每个人都给予关心和尊重。

（4）人与人之间关系的重要性——社工能意识到人与人的关系是重要的变革工具。

（5）诚信——社会工作者始终坚持自己的专业使命、价值观、伦理原则和伦理标准，并贯彻于实际工作中。

（6）能力——社会工作者不断致力于增进专业知识和技能，并将运用于实际工作中。

结合以上价值观，并参考香港社会工作者注册局1998年订立的《社会工作者工作守则实务指引》，学校社工的专业操守指引可归结为6条，它是根据原则订立的具体行为指引，并不包含所有有可能出现的行为，在阅读时必须注重价值观原则。在决定一种行为是否符合专业操守时，尤其应考虑行为背后的原则。

A

1. 服务——社会工作者应当超越个人利益为他人提供专业服务

■假如服务对象所面对的难题并非社工个人能力、机构资源与服务范围所能解决，应当给予适当转介。

■当社工了解到其个人原因及彼此价值观上的冲突，可能使提供的服务变得不适当或不足够，或会对服务对象造成伤害时，应避免向该服务对象提供服务。

■社工应尽量避免可能导致与服务对象利益冲突的关系，假如利益冲突可能发生或无可避免，社工应尽可能表明立场并将利益上的冲突告诉服务对象，也需让服务对象知道社工有终止或调动服务的权利。

■社工应在提供服务初期，明确一切和服务对象有关的语言和服务方式，在可能的范围内使他们知道接受服务所具有的权利、义务、机会和风险。

■社工不应故意提供虚假资料，或在未能掌握具体情况的前提下做出重要决定，致使服务对象不能获得应有的权益。

■社工应将投诉的途径告诉服务对象，且绝不应阻止服务对象向雇佣机构或其他有关部门提出针对他们的投诉。

2. 社会工作——社会工作者追求社会变革，特别是为弱势群体工作，并代表他们寻求社会变革

■社工工作应有弹性，不被学校固有制度约束，在为学生寻找最合适解决他们问题的方法时可以尝试提议某些变革，以更能满足学生成长的需要。

■社工在做评估时除了从心理学角度出发外，也应该从宏观的角度多方面思考问题，并提出建议。

3. 个人尊严和价值——社会工作者意识到个体差异和文化、种族多元性，对每个人都给予关心和尊重

■社工应鼓励服务对象发挥自主性，对于幼童及未成年的学生，社工应尊重其权利，并尊重他们做出与其利益有关的决定。

■在提供服务时，不应以地域、种族等来区分服务优次。

4. 人与人之间关系的重要性——社工应意识到人与人的关系是重要的变革工具

■社工应该秉承社工价值观为服务对象服务。

5. 诚信——社会工作者始终坚持自己的专业使命、价值观、伦理原则和伦理标准，并贯彻于实际工作中

■社工不得利用专业关系获取财务上的利益。

■社工应尽可能避免向与之有亲缘关系、商业合作关系、政治关联的人士提供服务。

■社工不应与服务对象开展任何专业服务以外的关系，如谈恋爱，更应避免与服务对象有亲密的身体接触。

■社工不应在受酒精及药物不良影响下执行任务。

■社工所提供的与学术机构、专业组织有关的专业资格资料，必须真实无讹，并在有需要时提供文件以作核对。

■社工应严守保密原则，在必须转交私人资料给其他人或机构的情况下，必须征得服务对象的同意。

6. 能力——社会工作者不断致力于增进专业知识和技能，并运用于实际工作中

■社工应尽量利用个人工作经验，通过专业交流，在发展专业知识方面作出贡献。

■社工应不断进修专业知识，以协助实务工作的推行。

1.3 学校社会工作的服务对象

学校社工是来自学校以外的专业人员，其基本职能是通过与老师、学校及教育局交流与合作，更有效地协助学生成长。向在校学生及其家长提供咨询、个案、小组、活动及转介服务，并为校内教职工提供咨询及转介服务，是学校社工的主要工作职责。

学校社工为在学业、社交和情绪发展等方面有困难的学生提供专业学校社会工作服务，帮助他们解决问题，提升他们的学习动机和能力，发展他们的潜能，为其成长、成才打下基础的同时，还得帮助其克服障碍、发掘其潜在的聪明才智和创造能力。学校社工还应通过专业服务，协助学校改善学习环境，解决教育过程中出现的有关问题，完善教育功能，促进学生正常成长。通过与学校和家庭合作，协助学生树立积极人生观，提高其解决问题的能力，从而促进学生的全面健康发展，也是学校社工的职责所在。而协助学校、教师开展心理健康教育活动，对有需要的教师和学生家长提供咨询服务和心理辅导，也是社工服务的有机组成部分。

由岗位类型所决定，学校社工的工作具有相应的服务对

象及操作模式。学校社工的岗位类型，大致可分为全驻校型学校社工和教育局行政岗位社工两种。

1. 全驻校型学校社工

此类学校社会工作服务的对象主要为在校学生，包括全日制公办及民办小学、初中、高中、职业技术高中和特殊教育学校学生。学校社工会在校内提供全职驻点服务。目前，深圳的不少学校已经设置了全驻校型学校社工，如红岭小学、翠园中学（初中部）、滨河中学（高中）、民办明珠学校、博伦职业技术学校及龙岗元平特殊教育学校等。

2. 教育局行政岗位社工

此类学校社会工作服务的对象主要为教育局。社工在教育局全年驻点，以协助教育局工作。深圳地区设置社工行政岗位的机构有南山区教育局人事科、福田区教育局德育科、宝安区教育局信访咨询中心、宝安区督学室、罗湖区教育局德育科和宝安区教育局群团科等。

1.4 学校社工从属服务关系的管理及权责

1.4.1 从属服务单位关系和管理

1. 从属服务单位的含义及关系

从属服务单位（secondary setting）是指一线社工被聘用他的社工机构长期派往提供服务而非由社工机构直接管理的单位。从属服务单位关系则指服务单位的领导、职员与社工之间不具直接上下属关系，社工机构和服务单位之间只是专业合作伙伴，社工、社工机构甚至需要借助服务单位的地区优势、服务对象的才干来开展评估工作，设定介入方案。

与从属服务单位之间关系，被应用于学校社工服务领域则分别指：①服务单位指被派驻的学校；②领导为校长、副校长或部门主任；③职员指老师、校内其他职员；④服务对象指学生及其家长。

2. 对社工机构的管理要求

- 对一线学校社工进行专业督导

由于学校本身的专业往往与社工无关，校方高层不懂得给予一线学校社工进行专业督导，尤其是辅导技巧和危机介入，于是社工机构需要培育本机构督导人才，为指定数量的一线社工进行定期的专业督导和管理。

●对社工品质和操守的把关

本机构督导人才并非每天都在同一学校工作，在管理上存在不便利的客观情况，因此，一线学校社工的工作态度、品格、诚信度、自律性、独立性、专业操守等，都是社工招聘和派驻时需要考虑的因素。

●对社工进行基本培训

为实施有效管理，社工机构在一线学校社工被派驻前，即需为其提供基本培训，让其树立专业工作观念。培训要点包括以下6个方面：

（1）使社工明白社工机构才是他们的雇主。

（2）使社工明白社工机构对他们的管理方式、要求、原则、规范、文档格式与存档机制、督导机制、考勤机制等。

（3）使社工明白社工直属上司是本机构督导而非学校领

导（尽管如此，仍要尊重后者的想法和观点，并保持良好沟通和伙伴关系），当二者制度规范存在分歧时，要及早请示直属上司，以便做适当磨合和调整。

（4）使社工知道自己每月、每季、每年的工作指标以及撰写或口头工作汇报重点、档案呈交流程以及资料保密处理等，知道如何善用每个工作日以有效完成任务。

（5）尽可能安排资深社工带领新社工数天，以便作为良好自我管理示范，并有效地进行实务分享。

（6）让本机构督导定期督导其所管理的社工并说明督导频率、方式、功能和具体要求，使社工明白所有文档都是社工机构的财产，必须经过督导审批。

1.4.2 解决双头管理问题

主动要求校方指派一名高层，负责一线学校社工日常工作的事宜并听取意见。由于社工机构与学校具有各自的管理制度，因而机构督导人员应与校方指派的高层尽早沟通，以协调双头管理可能导致的问题，例如上下班时间、午休时间、问责机制（离校返机构培训时，向谁通报）等，以避免社工工作陷入混乱、无所适从的境况；同时，还应避免社工在两套管理制度中出现不诚信行为，例如私下缩减工时、不正确使用活动物资和经费等。

1.4.3 一线社工、社工机构及学校的沟通与权责

学校通常是由校长指派德育主任或团委书记负责学校社工事宜，社工机构则通常由督导助理和本机构初级督导负责管理学校社工。

1. 学校可向社工机构反馈与提出意见

校方通常可从社工出勤、工作操守、工作热情、责任感、工作效果、校内沟通表达能力等方面向机构督导反映一线学校社工的情况和意见。

2. 社工应制订年度服务计划

年度服务计划说明步骤是社工经过其专业评估后制订初稿，经与校方代表洽商后修改，由机构督导最后批核。

本土督导应向校方清楚说明其管理范畴，例如社工专业操守、工作介入手法和技巧、文档批阅、社工实务培训、领域服务整体发展、资源运用和素质的提升等。

1.4.4 督导的可行模式

1. 学校社工服务开展的早期（1~3年内）

引入外来督导（例如聘请香港督导），提升本土督导水平，培育首批专业人才，并对本土督导（组长、督导助理、初级督导）进行培训 。

2. 长期（3年以上）

外来督导退出，由本土督导接棒。

1.4.5 管理外派学校社工的两个典型案例

虚拟背景

机构“甲”，成立2年，在今年学校社工岗位招标结果中，共得5个同区岗位，全年服务产出指标量为咨询A个、个案B个、小组C个及大型活动D个。机构于是招募新社工5人，安排督导助理小陈负责督导及与校方进行必要联络或协调工作。小陈必须向他的初级督导定期汇报工作困难和队伍实务指标完成情况。

A

情境一

5名新入职社工已派往5所学校工作将近1个月。他们已基本熟悉学校人事、校风、文化、硬件配置及学生特质。督导助理小陈也为他们提供了机构的入职启导课程。

1. 管理问题

■小陈如何确保和监管学校社工的服务产出（包括质和量）？

■小组及活动的服务主题由校方决定还是由社工决定？

■小陈如何保证5所学校的服务对象和持分者均能善用学校社工服务？

2. 风险分析

■倘若未完成全年服务产出指标，将会影响机构下一年度的中标成功率和机构形象。

■若服务主题由一方全部决定，不利于产生双赢效果，信任度也会受到影响。

■如果学校领导不明白如何运用学校社工服务，容易造成老师们对社工的误会。例如，学校社工不必每天入班教学，整天只是与人聊天或待在办公室上网，有些老师会认为他们很懒惰。

3. 督导助理的管理行动

■在小组会议上，小陈公布每位学校社工的平均服务产出指标。

■小陈指导大家在各自服务的校内调研，准备评估服务需求报告，为所派驻学校制订适当的半年度或全年度计划，并要求该计划必须达到平均服务产出指标。

■设定学校社工上交第一稿的日期及督导助理的批阅时限。

■批阅并给予专业上的指导及修改建议。

■学校社工修改完成第二稿后，与校领导进行沟通。

■小陈陪同学校社工（带上第二稿）拜会校方的相关领导，介绍该年度计划的需求评估、构思和焦点等，并听取校方意见和关注点；并适时强调学校社工的平均服务产出指标，让校方理解并提供各种支持。

■结合被采纳的校方意见和关注点，督促学校社工尽快修改完成第三稿（即终稿）。

■指导社工将最终稿存档：一份由校方保管，一份由社工保管，一份由督导助理保管。

社工按照机构的实务工作流程，按时提交方案给小陈批阅；小陈按照机构督导助理管理守则对社工实施专业督导；校方按照学校活动管理守则提示学校社工，提供场地、安排服务时段和咨询等；务求服务使用者和持分者均能受惠于服务过程，取得整体效果。学期结束时，社工、督导助理、初级督导、校方相关领导举行服务总结会议，对各项服务工作包括服务的质与量进行交流。

情境二

小张是其中一名新入职社工。学校人事部黄姓领导这天找到小张，请求小张帮忙在下午为生病请假的何老师代课（初一丙班的语文课）。黄姓领导表示，校方会因此发给小张补贴。小张对补贴很感兴趣，但其确实不敢教授语文课，又怕令黄姓领导失望，于是小张向黄姓领导表示要致电给督导助理（小陈）商量。

1. 管理问题

■谁可派发任务给学校社工？

■如何避免外派的学校社工违犯专业操守？

2. 风险分析

■倘若小张答应黄姓领导为何老师代课，并收取补贴，最少将产生4个不良影响：①校方黄姓领导滥用学校社工小张从事非专业范畴的工作；②学校社工小张在工作时间内违犯专业操守，私下收取服务单位的礼物或金钱作为报酬；③学校社工小张自身出现角色混淆，即他在工作时间承担了老师的职责；④服务使用者和持分者对学校社工的角色混淆，即究竟小张是学校社工还是老师？什么时候小张是学校社工，什么时候小张是老师？

■倘若小张不答应黄姓领导为何老师代课，又说不清原因，黄姓领导便会感觉小张及督导助理小陈都不够灵活和不愿帮忙，这个想法可能影响到其他校领导。

3. 督导助理的管理行动

■小陈需马上分析此事的严重性，并教育小张，说明事件背后的错误理念和不良影响，阻止他因无知而违犯专业操守。

■小陈需了解小张当天下午的原定工作安排，以确定小张能否用另一方式支持学校。

■小陈需指导小张化解尴尬局面及可能的风险，以达成实现双赢效果。方法之一：争取黄姓领导同意，利用该节课开展社工相关主题课，而不是教学或代课，而校方也不必给予小张任何补贴。这样处理的结果是解除了黄姓领导的烦恼，学生从主题课中得益，学校社工与学生的距离拉近了，学校社工的能力也得以展示；同时，督导助理的立场和形象更加清晰，社工服务指标也得以实现。

1.5 学校社会工作的考虑要素、挑战及反思

自2008年起，在政府的大力推动下，社会工作行业开始蓬勃发展。因应社会需求，经济较发达的大城市深圳、北京和上海等，即着手探索各自的社会工作发展道路；以中山、佛山、东莞为代表的一些二线城市也加入了这一发展道路探索的行列；内地大专院校所培养的许多富有朝气的社工专业毕业生，也满怀热忱加入了社工服务。

由于独特的国情所决定，中国内地社会工作不能全盘照搬起源并发展于西方社会的社工模式，在借鉴中发展是中国内地社工发展的必由之路。实际上，中国内地的社工服务必须直面诸多由具体国情带来的挑战，包括城乡户籍制度、农民工、流动儿童和留守儿童等；而由户籍制度所导致的教育资源不均衡，则是学校社工服务必须面对的根本问题。对教育现状做出全面评估，是中国内地开展社工服务的根本起点。

自20世纪80年代中期开始，中国内地人口流动迅猛加速。1985年流动人口总量由不足200万迅猛增长至2000多万；1988年这一数值达到了5000多万，而2000年更是增至1.3亿。伴随迅猛加剧的人口迁移家庭化趋势，越来越多的儿童被动

地流入城市。全国第五次人口普查数据显示：2000年，流动儿童已达1981余万人，占全部流动人口的19.37%。受城乡二元户籍制度限制，不能公平享受城市教育资源的大部分流动儿童，只能徘徊于失学或隐性失学的边缘。国家统计局2006年3月16日发布的全国1%人口抽样调查数据表明：2005年我国流动人口约为1.5亿人，与全国第五次人口普查（2000年）数据相比，跨省流动人口增加537万人。依据《中华人民共和国宪法》第四十六条之规定，“中华人民共和国公民有受教育的权利和义务”。而作为中国公民的一个重要组成部分，流动儿童却因现行各种不合理制度而无法公平地享有这项宪法权利，这不仅有悖于宪法精神，而且也与社会经济发展水平不相适应。一项对北京、深圳、武汉、成都等九大城市1.2万名流动儿童监护人、7800多名流动儿童的访问结果显示：3～6岁流动儿童入托率仅为60.7%，远低于城市户籍儿童入托率，其中46.9%的年满6周岁流动儿童没有获得入学机会。流动儿童超龄入学现象也比较严重，有近20%的年满9周岁的流动儿童还在小学一、二年级，13周岁和14周岁依然在小学就读的儿童分别占相应年龄流动少年的30%和10%。

从上面的数据可以看到，中国内地学校社会工作除需要面对儿童发展的诸多共性问题外，还需要针对农民工子弟及流动儿童这个内地特有的教育问题。2006年，中国少年儿童基金会和耐克体育(中国)有限公司，为提高流动儿童的自信、社会适应能力和团队合作能力，就曾携手发起过主题为“让我玩”的公益性体育项目。

另有调查表明，对于流动儿童教育来说，还存在三大缺失。其一，父母长年不在身边，亲情和关怀缺失；其二，监护人素质偏低，家庭教育缺失；其三，儿童自我保护意识不强，安全管理缺失。因此，除帮助其提升社会适应力、增强身份认同、提高人际交往能力和自信心外，亲子教育和沟通也是学校社工的主要服务内容。

由特殊国情所决定，内地学校社会工作者所提供的服务，必须立足于学生的困难，具有明确的针对性。若能如此，内地的学校社会服务工作定能取得显著成效。

政府的大力推动，无疑是内地社工服务蓬勃发展必不可少的先决条件。同时，满怀热忱投入社会服务工作的内地年轻社工立足现实、积极学习、勤奋刻苦的工作精神、工作态度，显然也是近年来内地社会服务工作获得长足发展的重要原因之一。而在提供服务之前对内地教育实际情形展开系统而全面的评估，则是内地学校社会工作的重要步骤。因而，在为学生提供服务时，社工除了运用具有共性的学生发展阶段理论外，还必须考虑学校特色、学生背景及其他相关因素。例如生活适应、身份认同，就是社工必须面对的那些随父母进入城市生活学习的农民工子女的基本问题。因而，在为他们开展服务的过程中，除需要向其提供一般人际交流与沟通技巧培训外，社工还应从他们的实际困难出发，在理解他们独特处境的前提下，有针对性地开展服务，唯有如此服务的效果才会更加显著。三年多的学校社会工作实践证明，尽管内地学校社会工作的实践经验正在点点滴滴地积累，但推动学校社工服务进一步发展，以尽快让更多有需要的儿童享受良好的社会服务，实际上是一项需要各界有识之士共同参与和推动的伟大事业。

B

服务提供

——建立服务的过程及主要步骤

2.1 建立学校社工服务的具体步骤

建立学校社工服务的具体步骤。

表2.1 建立学校社工服务的具体步骤

序号	步　骤	内　容
1	了解学校机构设置情况	分析学校行政岗位设置、学生男女比例等情况
2	调查学校辐射范围内的社区情况	了解各社区学生分配比例及以往社区开展的活动类型及情况等，了解社区居民的文化程度
3	了解服务群体需求	通过发放问卷等形式，对样本进行随机抽样调查
4	社工及社工服务宣传	申请向全校介绍社工，开展社工宣传活动，发放宣传单页，协助学校师生认识社工，了解社工，并寻求社工服务
5	开展专业服务	个案、小组、活动（宣传、社团培训、社区活动等）、一般咨询及家访等

2.2 联络及开展工作关系的对象、方式

学校社工的主要工作职责是为就读于所服务学校的学生、学生家长、学校教职员工提供服务，必要时还应与附近社区或学生同辈群体开展活动。

学生、学生家长及学校教职员工或亲身，或致电，或以书面形式要求提供服务或转介服务，以及向外界机构以书面形式转介的学生提供个案辅导，是学校社工服务的主要来源；而通过外展工作主动发现有服务需求的对象，或与学校附近的社区联合开展活动，以丰富学生、学生家长及学校教职员工社会服务内容，也是学校社工服务内容的重要来源。学生离校，则意味着该学生及其家长自动退出学校社工的服务范围。

2.3 学校社会工作的推广

2.3.1 学校社工的宣传方式

学校社工的宣传，主要包括宣传学校社会工作和学校社会工作者的自我宣传两项内容，可选择的宣传方式主要有5种。

●开展专门社工宣传活动

制作并放置学校社会工作展板，设计多样化的趣味游戏，以吸引学生、家长及老师参与，从而宣传学校社会工作。这是专门社工宣传的主要方式。专门社工宣传活动既可在社工刚进入所服务的学校时进行，也可安排在“社工宣传周”等活动专门进行。无论是单独举办还是与其他社工合作举办，均可达到专门社会工作宣传的目的。

●新生入校时的宣传活动

可在新生入校时，以室外团队活动，或室内主题班会，举办“适应新阶段学习生活”等主题活动，专门向新生宣传学校社会工作；也可以在室外团队活动或室内主题班会中融入学校社会工作元素，以达到宣传学校社会工作的目的。

●派发宣传单页

选择合适的时间、地点，如在会议期间或在食堂用餐以及老师、家长来访或拜访老师之时，派发机构设计好的宣传单页，或者自己设计的风格独特的宣传单页，以宣传学校社会工作。而在宣传单页上注明自己的联系方式、办公地点等必要信息，或者在宣传单页里附上自己的名片，则是派发宣传单页以宣传学校社会工作的基本技巧。

●开展专业工作后的工作汇报

以开展专业工作后的工作汇报为宣传方式，就是在小组或者活动之后，将活动的进展、效果及时回馈给学校领导或者相关老师，目的是让他们了解社工的工作方法和动态。

●参加学校的一些会议

争取参加学校的各种会议，如教职工大会、行政工作会议、德育工作会议、班主任会议、家长会等，在会议上寻找机会宣传社会工作及社工自己。这也是社工宣传的一种重要方式。但就参加学校会议问题而言，每个学校的规定很不一样。因而，社工可在进校时就此问题与校领导沟通，以免校方不知所措。

注：宣传过程中上述方式不一定全部应用到。社工可因地制宜，选择适于本校情况或适于个人工作风格的方式，做好学校社工宣传工作。

2.3.2 推广学校社工的主要阶段

1. 阶段一：未正式进驻学校阶段

目的：为日后在校内开展大型宣传及实务服务起铺垫的作用。

做好专业准备之后，社工机构主管及本土督导应约会校方最高领导（1～1.5小时），以精练的言语和友善轻松的语调，介绍学校社工的发展情况、工作手法、职能、主要服务对象、社工与一般老师和心理咨询师的差别等，从而避免学校对社工产生不必要的误会（如以为社工是教育局派来监察学校运作的等）或滥用社工。

在条件许可的情况下，同日或另择时日引领准备上岗的新社工面见校方，以建立初步联系，尤其是让社工弄清在校内与谁联络、向谁报告工作等。面见校方前，应指导新社工做好必要的准备（如自我介绍、专业的着装、心理和行为上的准备等）。新社工积极的心态与亲和力，可以为行业乃至社工争取到学校领导的良好印象以及必要的工作资源，为日后在校内开展社会工作奠定良好的基础。

2. 阶段二：驻校初期（1~3个月）

目的：为日后开展宣传、争取独立工作和合作空间、开展实务服务做铺垫工作。

●对象：校长、主任、老师、心理老师／咨询师

■为相关人员举行社工简介会；

■出席开学前的教职工会议；

■在内网发电子邮件做自我介绍；

■在教职工办公室设置座位；

■向老师派发社工宣传品，并做自我介绍。

●对象：学生

■在升旗礼或开学典礼上宣传演讲；

■预约进班宣传活动；

■通过校园广播宣传社工服务；

■向校园刊物投稿；

■善用校门电子屏幕；

■在社工室外设置宣传栏；

■在内网发电子邮件做自我介绍；

■播放学校社工服务宣传短片；

■参与新生活动。

●对象：家长

■出席家长会，争取主题演讲；

■善用家校通服务；

■向学校的家长网站或家长刊物投稿，谈教养子女技巧；

■出席家长迎新活动；

■在社工室外设置告示板；

■在校园刊物发表社工活动成果；

■组织亲子活动或家长小组。

●对象：校内一般职工、青年辅导员、基层干部

■向职工派发社工宣传品并做自我介绍。

3. 阶段三：驻校中期（进驻约4个月后）

目的：开展常规宣传活动，强化对社工服务的正面印象，进一步拓展独立工作空间，探寻跨专业（老师、心理老师/咨询师及其他领域社工）合作空间，为开展创新性实务服务奠定基础。

■制作有吸引力的关于社工服务或活动的海报、传单、横幅和短片；

■预约进班，以有趣的手法宣传将举办的活动，并进行对象招募；

■针对不同年级定期发表主题广播宣讲或主题演讲；

■向校园刊物投稿，分享活动成果；

■组织学生志愿者协助社工推广服务或带头参与活动；

■善用校门电子屏幕进行招募；

■更新及善用社工室外的告示板；

■在内网发电子邮件宣传即将举办的活动；

■组织、出席各级的新生活动；

■协助各级的班干部活动、组织班干部培训。

4. 阶段四：学期结束前后

目的：强化社工服务的正面印象，进一步争取校方的支持（精神上、服务建议上和资源上），确立学校社工中立性，建立专业工作空间，为下学年开展创新性实务服务奠定基础。

社工机构主管、本土督导及新社工在做妥文件和资料准备后，预约校方最高领导会面，进行工作总结（1～1.5小时）。社工以精练的言语、友善而自信的语调专业地介绍社工在学校一年的工作情况，让学校高层了解社工工作情况，以便为社工继续开展工作争取更有利的条件。

2.4 建立服务工作流程

2.4.1 一般个案工作流程

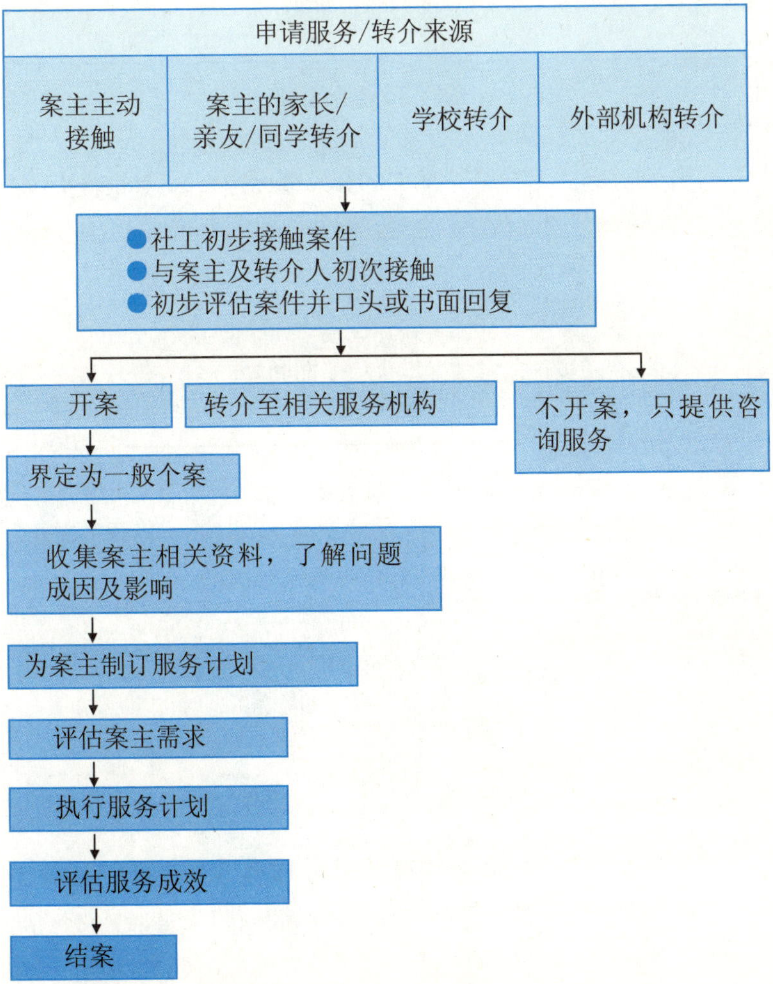

图2.1　一般个案工作流程

2.4.2 校园危机个案工作流程

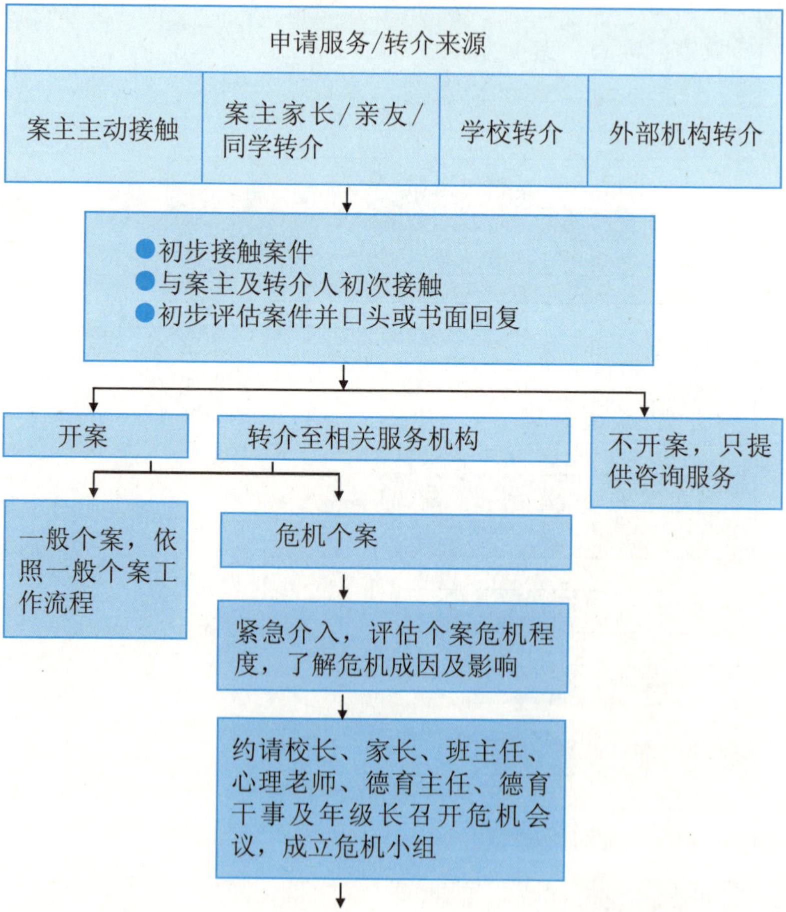

续图2.2

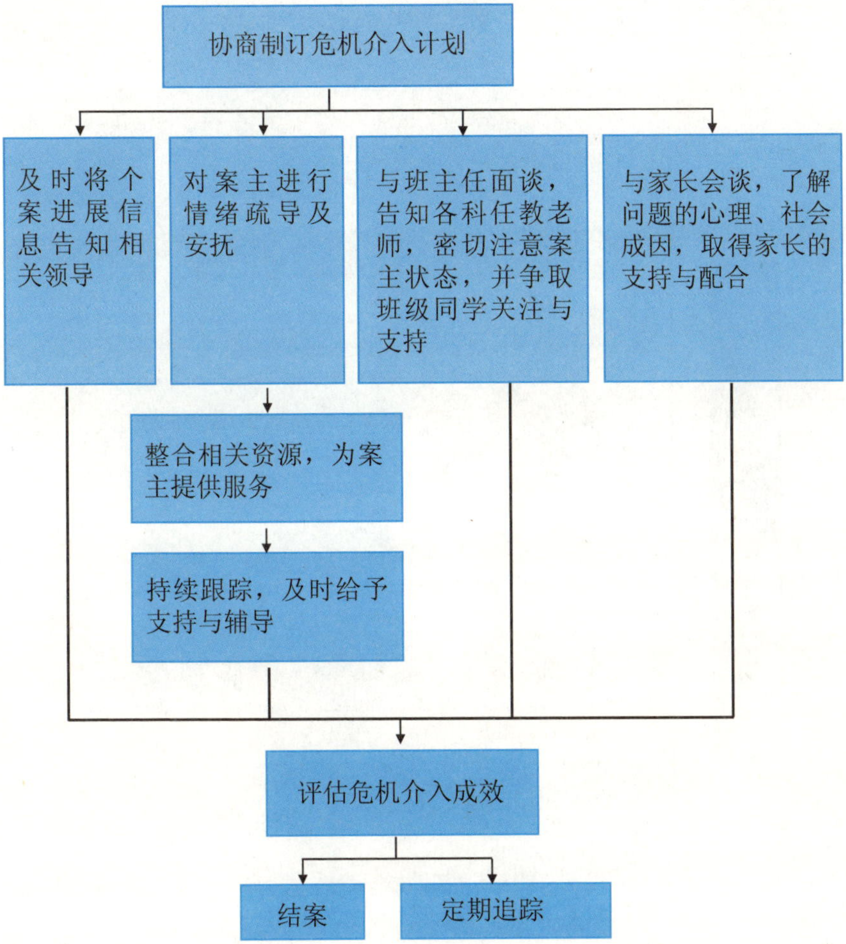

图2.2 校园危机个案工作流程

2.4.3 校园危机分类

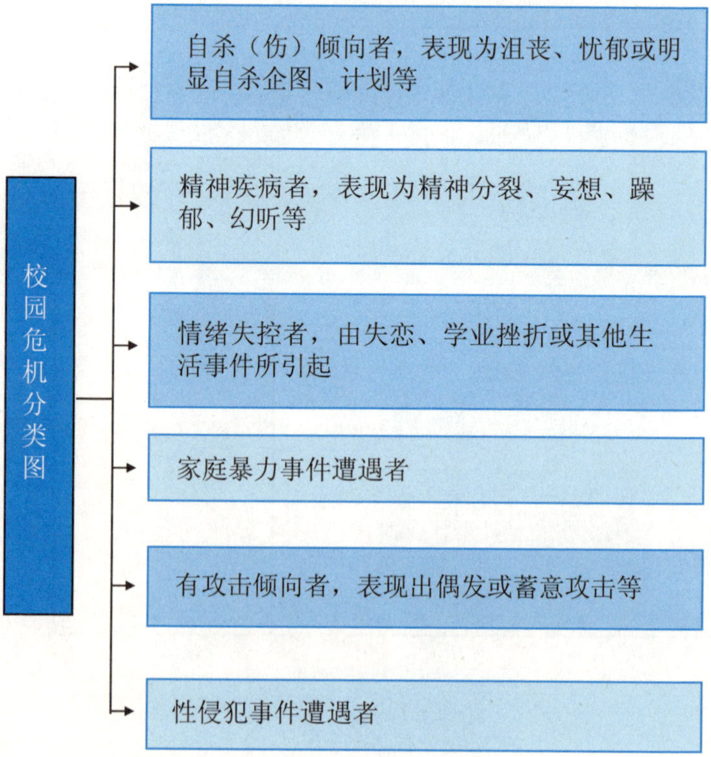

图2.3　校园危机分类

校园危机介入原则如下：

■保密原则——与不同部门或机构合作时，如非必要，不可泄露个案的个人信息。

■减少事件对其他人的负面影响。

■于第一时间介入，把握介入最佳时机。

2.5 学校小组工作及活动

2.5.1 小组工作定义、流程、常见类型及注意事项

1. 小组工作定义

小组工作是指在社会工作者协助下，通过游戏、情景模拟、任务达成及讨论分享等活动，促进小组成员之间有目的的互动互助，使参加小组的个人行为得以改变，社会功能得以恢复和发展的工作方法。

2. 学校小组工作流程

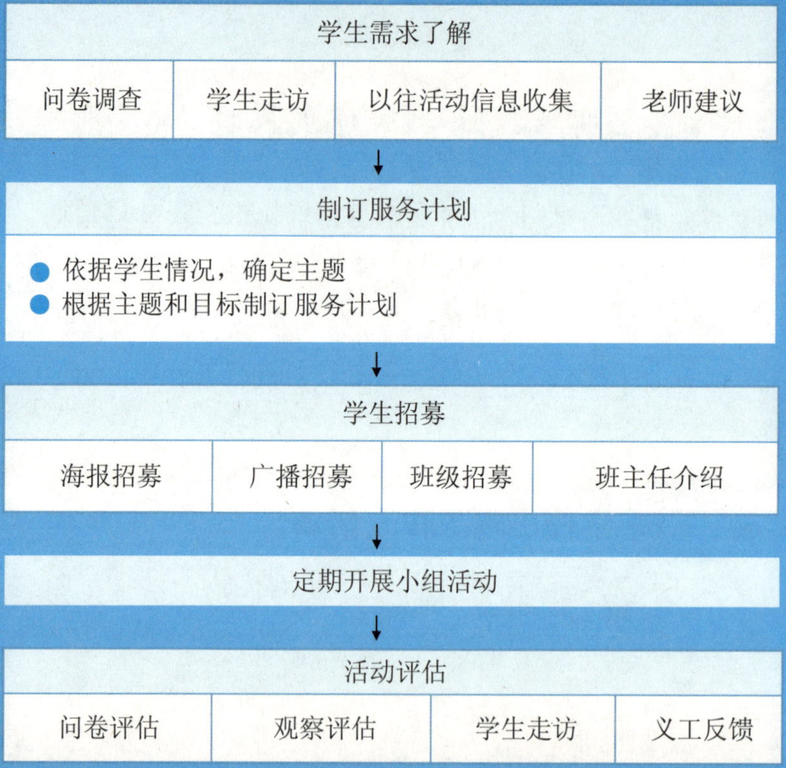

图2.4 学校小组工作流程

3. 主题性小组常见类型

●心理健康小组

学生阶段大多因进入青春期或少年过渡至青年阶段而对学生心理带来的影响。心理健康小组能协助学生有效处理个人情绪，从而促进学生从容面对成长挑战。

●成长小组

关注学生成长过程中个人价值观树立、待人处世方式、自我认识和探索等问题。

●亲子沟通小组

亲子关系是青少年阶段的一大课题。一方面，青少年寻求独立；另一方面，家长对子女的爱护及照顾一时间难以切合子女的转变，从而产生矛盾。亲子沟通小组的目标，在于促进亲子间的沟通，从而强化家庭关系及支持。

4. 小组工作开展过程中的注意事项

●小组开展前

学校社工需清楚列出有关小组的背景、理念、目标、对象、人数、场地及财政预算。

●小组工作进行中

学校社工运用小组技巧，于过程中观察并了解组员的反应、需要等，按组员的情况适当地对小组活动进行调整，以配合组员的需要。

●小组评估

学校社工由始至终对小组做出评估。如有需要，对小组的内容做出修订，以切合组员的需要。当小组结束时，学校社工对组员做出鼓励、反馈等，以协助组员整合小组经验，并将其应用于日常生活中。

2.5.2 活动的定义、流程、常见类型及注意事项

1. 活动的定义

活动是以团体为单位，以游戏体验、任务讨论、分享学习等形式进行。通过学习具体知识或技巧，促成学生自我认识和自我实现，增进学生之间的熟悉和互动，从而促进学生人际沟通及关系的发展，以达成促进人际关系和谐、营造互助友爱校园文化氛围、实现校园和谐的终极目标。学校社工可以征对班级、年级或特定团体开展一次性或系列主题活动。

2. 活动的流程

学生需求了解			
学生走访	问卷调查	老师建议	重要事件节日

↓

制订服务计划

- 依据学生情况，确定主题
- 根据主题和目标制订服务计划

↓

学生招募			
海报招募	广播招募	班级招募	班主任介绍

↓

活动开展

↓

活动评估			
问卷评估	观察评估	学生走访	义工反馈

图2.5 活动的流程

3. 常见活动类型

●班级活动

班级活动主要是以班级为单位，开展旨在增进班级凝聚力和班级团结的班级建设、班级拓展等活动。

●主题活动

校园活动可以以人际交流、学习习惯、感恩老师、压力释放等为主题，以增进学生相关主题的教育和发展。

●义工、志愿者活动

通过担任校园志愿者或义警、探访老人院等形式开展义工和志愿者活动，以促进学生奉献校园和社会意识的发展。

●亲子活动

通过组织学生和家长开展亲子大本营、亲子拓展等活动，增进家长和学生的交流与互动，促进亲子关系的发展。

●社区活动

通过与社区的合作，走进社区、走进居民，扩大社工的宣传度和知晓度，同时为社区发展和居民交流增添新的方式。

4. 活动的注意事项

■调研及评估。学校社工应对学生的需要做全面的调研及评估，以便策划切合学生需要的活动。

■资源准备。对活动所需的资源，包括人手、场地、经费做出计划，以便为活动整合所需资源。

■宣传及应急准备。活动前要做好宣传，对可能出现的困难做出风险评估和应变方案。

学校社会工作的行政要求

3.1 人员配置

学校社会工作者通常由政府购买，并由社会公益性民间组织派驻，“一学校一社工”是学校社会工作者的配置原则。由于不同学校在校学生人数差别较大，建议按1名社工对1000名学生的比例，逐步增加学校社工服务人员的配置。

3.2 督导和社工的专业背景与相关经验

3.2.1 一线社工

学校一线社工须通过助理社工师/社工师职业水平考试并取得证书，或者具有社会工作专业及与社会工作相关专业(社会学、心理学、法律、社会保障等)本科(含本科)以上学历。

3.2.2 督导助理

每6名一线社工须配备1名督导助理。督导助理须取得助理社工师或以上职业资格，具有半年或以上一线社工工作经验。督导助理从优秀社工中选拔产生，可优先选拔学校社工或有青少年服务经验者。

3.2.3 初级督导

初级督导须取得助理社工师或以上职业资格，具有2年以上督导助理经验，一般负责督导20名一线社工及2名督导助理。

3.3 办公场地及办公设备的配置

3.3.1 办公场地

学校社工的办公场地应包括办公区域、个案工作室、小组工作室、来访接待区、档案存放区、室内宣传墙、资源室和玩具室等。场地要求是安全、通风、温馨并带有隔音功能等。

3.3.2 办公设备

办公设备包括：办公电脑、打印机、数码相机、数码摄像机、活动桌椅、办公电话、传真机、碎纸机、档案柜、复印机、投影机等。

图3.1　小组工作室

图3.2　办公设备

学校社会工作成效评估

4.1 服务内容及指标

学校社会工作包括预防、发展及补救三大功能。每位学生都是独特的个体，因此需要提供不同种类的服务以切合他们的需要。

学校社工的服务指标，包括产出指标及成效指标，必须经由区民政局、社工机构及服务单位三方面共同协议制定，并在服务合同中注明。服务的具体内容、服务产出指标及成效指标的制定，以1年为期，并需考虑是否可行及可否量化。以下为服务内容及评估指标建议，它们均可因服务地区的需要和条件不同而做适当调整。

表4.1 服务内容及评估指标建议

协议指标/服务内容	数量（每年）（数量待定）
咨询	80人次
建档个案	20个
新开/重开个案	10个
家访	20人次
小组	18节
主题性活动（教育、成长、训练、参观访问等类别）	30节
协调和整合社区资源	—

●咨询

主要包括辅导性咨询及事务性咨询。辅导性咨询，指社工在咨询过程中通过对服务对象进行专业信息的输入或输出，协助学校教职员、学生及家长寻求满足学生需要的方法。事务性咨询包括教师会议，与家长就学校制度的咨询，以及与学生相关的委员会或与学生就服务内容的咨询。单次咨询时间需达15分钟或以上。

●建档个案

社工针对有潜在需求的服务对象进行基本资料收集和存档，并提供相应的辅导。潜在服务对象可能是社工在家访或小组活动中主动发掘的，也可能是家长及监护人、学校及教师转介的，还可能是社区及其他相关人士或机构转介的。在个案工作中，社工和案主达成一致协议以就解决某一个或一些问题而共同努力，协助学生克服影响他们学业及个人发展的情绪、行为及人际关系方面的问题。根据学生面对困难的程度，社工为有需要的学生及家长至少提供3次面谈或家访，时间需达30分钟或以上，个案跟进频率为每个个案每个月至

图4.1 学校社工专业发展

少1次。除此以外，还可以家庭会谈、电话、书信等方法为介入手法。建档需填写专业文件并定期跟进建档个案的情况。

●新开/重开个案

■新开个案。新开个案指未曾接受个案辅导而在本年度申请的个案。

■重开个案。重开个案指曾接受个案辅导并已结案，但在本年度再次申请重开的个案。

●家访

家访是指社工主动接触学生家长或其他家庭成员，以开展访问的工作形式。家访主要包括入户家访、电话家访、主动约见受访对象，访问地点可不在以上范围内（部分学校或家长选择在校外或家庭以外的公共场所会谈）。

●小组

小组工作的作用在于帮助学生加深自我认识，挖掘个人潜能，树立正面的社会价值观和积极的人生态度。学校社工会就学生常遇到的问题或需要举办预防、发展或治疗性小组活动。参加小组的学生或家长以6～12人为限，每个小组至少4节，每节为1～1.5小时。

●主题性活动

社工针对学生、家长或学校教师的特定需要，对班级、年级或特定团体开展一次性或系列主题活动。具体而言，主题性活动是指由社工自行举办或组织，邀请相关教育或心理专家团队开展的各类校内外、跨校或跨区的成长性教育活动。此类活动形式包括各类训练如义工训练、领袖训练、历奇训练等，讲座如心理健康、青春期教育、压力与时间管理等，工作坊如亲子沟通，参观访问与交流等。每个活动出席的目标对象需达15人或以上，每个活动时长需在30分钟或以上。

●协调和整合社区资源

加强学校与社区之间的联系，协同其他社工、其他专业人士或其他组织共同发挥专业作用，尤其是定期与不同的相关人员沟通交流并保持良好的互动，以促进资源整合。

4.2 工作成效的评估

学校社会工作成效的评估，主要评估社工是否完成服务产出指标。除服务产出指标之外，服务使用者（学生、家长、老师及社区人士）对服务的意见，也是评估社工服务成效的重要参考。

4.2.1 学校社工服务评估报告

学校社工要在每学年开始时，与所派驻学校制订学校社工小组/活动计划，并将其提交给教育局及用人单位；在每学年结束时，学校社工应向教育局及用人单位提交学校社工服务评估报告及服务统计资料。机构领导每年拜访教育局及用人单位，听取他们对服务及社工工作成效的意见及看法，以检查学校社工在校服务提供的情况及需改善之处。

4.2.2 个案工作

社工在建档开展辅导工作时，与案主及家长（如有需要）共同协议辅导目标，社工在辅导过程中开展专业评估及介入，并与案主及家长（如有需要）周期性检讨个案进展及辅导目标的进度。在案主退出服务时（个案结案），与案主及家长（如有需要）回顾协议辅导目标的成效，同时请案主及家长（如有需要）填写个案服务意见表，以收集案主对个案服务成效的意见。社工还需为每个个案撰写个案评估报告，以检查工作成效。

4.2.3 小组活动

社工在开展小组活动时，需先拟订活动计划书，定出每节及整个小组活动内容及预期目标。在第一节活动时，社工应与参加者协议，制定小组目标，并在每节小组活动完成时检查达标情况。在最后一节小组活动时社工请参加者填写参加者意见表，以收集参加者对小组服务成效的意见。社工还需为每个小组撰写小组活动评估报告，以检查工作成效。

4.2.4 主题性活动

社工在开展主题性活动时，须先拟订活动计划书，定出主题性活动的内容及预期目标。在活动完毕时，社工需请全部参加者填写参加者意见表（如参加者人数太多或太分散，最少要收集30份），以收集参加者对主题性服务成效的意见。社工还需为主题性活动撰写评估报告，以检查工作成效。

4.3 服务时间

按照三方服务合同所注明的工作时间，并结合所在岗位的实际情况，学校社工工作时间须达到每周35小时。社工上班时间一般为每周的周一至周五，每天的上午9时至下午6时，但也需根据用人单位的实际操作情况调节上下班时间。在特殊情况下需要加班或是在非工作日上班，社工可以申请调休，但必须要征得用人单位同意并按机构规章制度做出申请。学校放长假期间（即寒暑假期间），学校社工可按办公配备使用需要留机构或留校办公，也可安排加班调休或休年假。

4.4 质素监管和服务质素标准

4.4.1 一般服务质素标准

香港社会服务的“服务质素标准”模式，在管理及提供服务方面标明了社会服务单位应具备的质素水平。“服务质素标准”是依据以下四项原则制定的。

（1）明确界定服务的宗旨和目标，运作形式应予公开。

（2）有效管理资源，管理方法应灵活变通，具有创新性并得到持续改善。

（3）鉴定并满足服务使用者的特定需求。

（4）尊重服务使用者的权利。

4.4.2 建立工作流程与领域中能实行的服务质素标准

服务质素标准及其操作见表4.2。

表4.2 服务质素标准及其操作

监管范围/标准内容	操作实行
学校社工与服务单位应制定服务政策及服务程序，并备有各种相关资料供学生、家长及老师阅读	● 准备学校社工服务单页供索取及阅读 ● 办公室应备有服务使用指南及各种相关规章制度
学校社工应及时准确记录、存留服务资料	保存个案、小组、活动和其他与服务有关的文字记录，并定时交给所在社工机构存档
机构及服务单位定期评估学校社工工作成效及资料整理情况	● 社工机构每月储存社工工作资料并做出统计 ● 学校社工撰写每月工作总结及下月工作计划 ● 每年机构及服务单位对学校社工的工作表现及服务成效进行问卷调查并做出评估
督导/初级督导/督导助理查阅社工个案及活动记录，并向社工提供建议和督导	● 每月完成个别督导工作，并做相关记录 ● 每月完成集体督导工作，并做相关记录

续表4.2

监管范围/标准内容	操作实行
学校社工对服务使用者及服务单位提出的建议进行收集整理，据此建立评估程序	● 每次活动之后有适当的意见收集和评估 ● 及时整理服务使用者在服务结束之后对学校社工服务提出的意见及反馈 ● 定期举行总结会议以征询意见
学校社工确保服务使用者获得清楚明确的资料，知道如何申请接受和结束服务	● 使用宣传单张 ● 服务过程中应明确告诉服务使用者相关的规章制度
尊重服务使用者保护隐私和保密的权利	社工应采取相应措施保护个人隐私
学校社工计划性地评估和满足服务使用者的需要	● 社工应在每年年初制订年度计划，每学期制订学期计划，每月制订月计划 ● 每年年中及年终分别做年中总结及年终总结

4.4.3 专业服务申请及退出程序

1. 专业服务申请程序

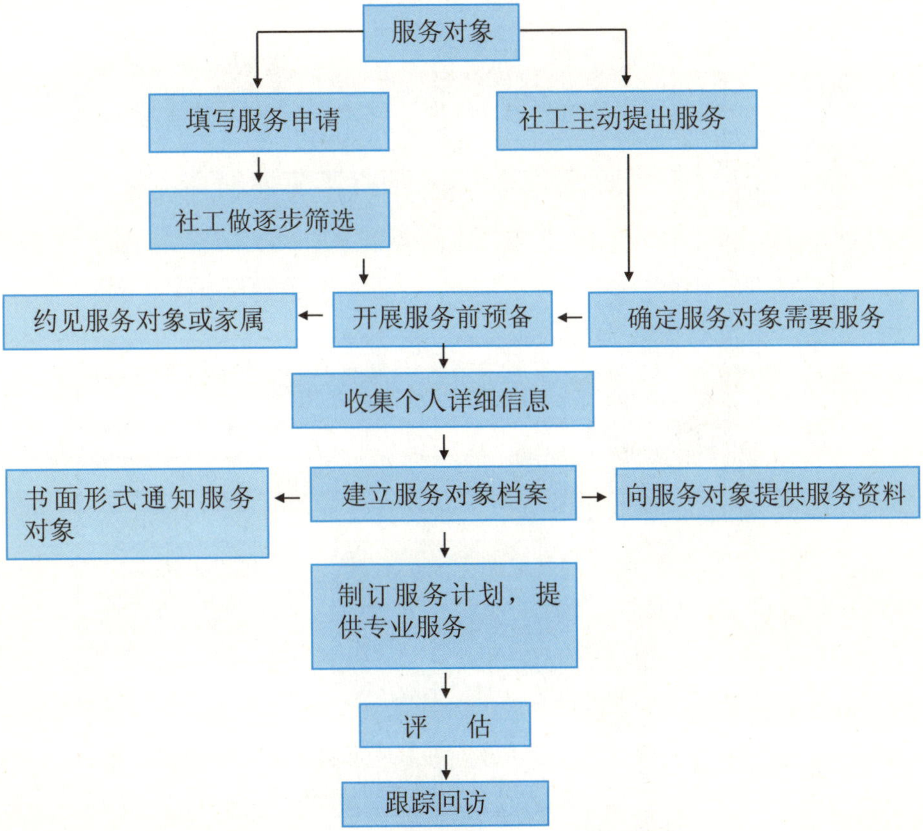

图4.2　专业服务申请程序

2. 专业服务退出程序

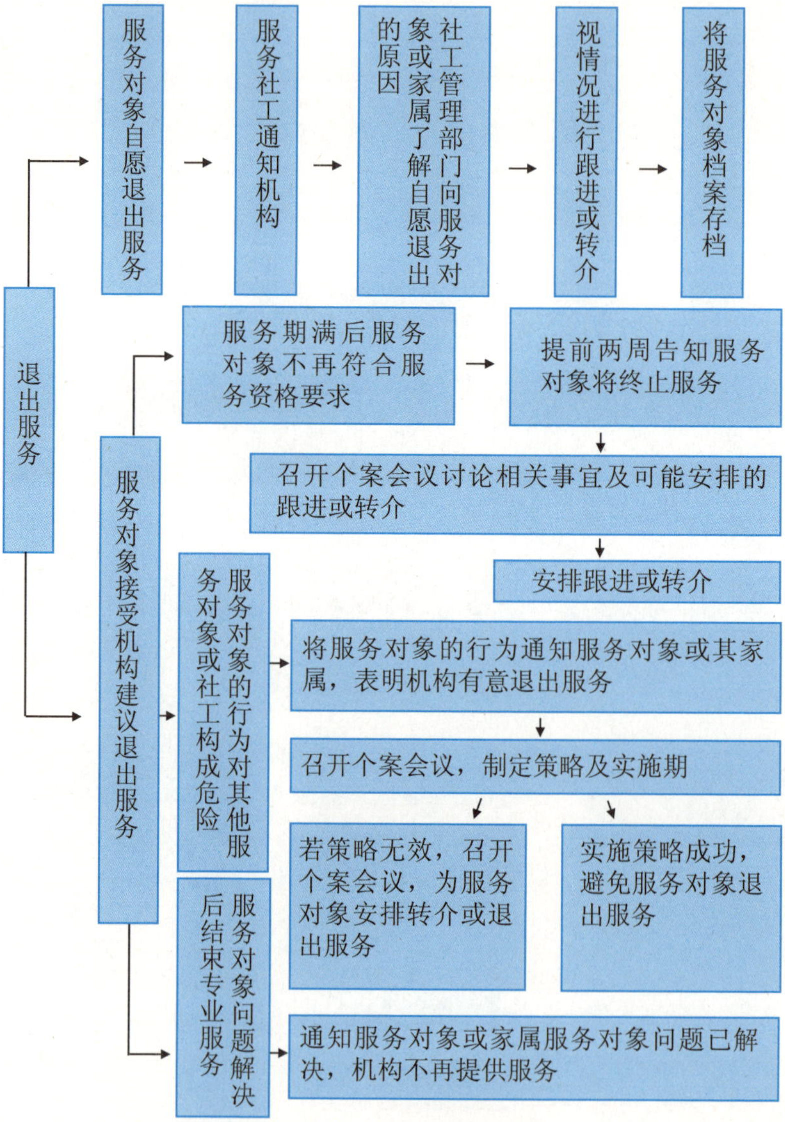

图4.3　专业服务退出程序

4.4.4 建立服务管理制度及相关表格

目前，教育服务领域中能实行的质素监管可见表4.3。

表4.3 教育服务领域的质素监管

监管范围/标准内容	操作实行
服务单位备有服务政策及程序，可供服务使用者、职员及其他关注人士阅览	●备有中心服务单张可供索阅 ●中心墙上挂有各项规章制度
服务单位应检讨及修订有关服务提供方面的政策和程序	中心内部预备有各项服务流程与措施
服务单位须保存服务运作及活动的准确和最新记录	社工保存个案、小组、活动和其他与服务有关的文件记录，并在每年年底交回社工机构存储
机构/服务单位须定期制备统计资料及服务表现报告	社工团队组长每个月收集社工工作资料并做出统计，并撰写下月工作计划

续表4.3

监管范围/标准内容	操作实行
见习督导/初级督导/督导审阅所有个案及活动记录，并给予社工相应督导	每月完成审阅工作，并在有关记录上签名
所有职员、管理人员、管理委员会、理事会或其他决策组织的职务及责任均有清晰的界定	在社工机构内部管理文件里详细列明
服务机构负责职员招聘，签订职员合约，发展、训练、评估和调派职员，明确职员纪律及处分守则	在社工机构内部管理文件里详细列明
服务单位设立收集及采纳服务使用者和职员意见的机制	● 在每次活动之后收集意见和评估 ● 在每年年底以总结会议形式征询社工和前线服务人员对服务的意见

续表4.3

监管范围/标准内容	操作实行
服务单位制定确保财务管理的有效政策及程序	在社工机构内部管理文件里详细列明
服务单位承担一切相关法律责任	有关家庭服务的法律条文
服务单位应确保服务使用者获得清晰明确的资料，知道如何申请接受和退出服务	中心的宣传单张和内部文件已列明申请和退出服务的规定
尊重服务使用者保护隐私和保密的权利	中心采取保障隐私和保密措施。例如档案内部保密资料放在档案袋内，年底档案交回机构存盘
服务单位有计划地评估和满足服务使用者的需要（不论服务对象是个人、家庭、团体或社区）	中心于每年1月出台年度计划，并在每月底出台下月的明细计划，年底做出评估和总结

续表4.3

监管范围/标准内容	操作实行
服务单位采取一切合理步骤，以确保职员和服务使用者处于安全的环境	● 服务单位定期勘查其现场及邻近环境，确定是否存在安全问题，并确保制定和实施处理该安全问题的适当策略 ● 凡发生在服务单位内并涉及职员和（或）服务使用者的意外或受伤事故以及当时的处理方法，均应记录在案 ● 服务单位确保所有服务器材均可得到维修。若情况适合，需在适当督导下使用这些器材 ● 提供并有效地保养所有消防设备及其他必需的安全设备 ● 备有与安全有关的制度和指引

4.4.5 有效资源的运用及调配

社会工作者不占有社会资源，但他们通过其专业工作在受助对象与社会资源占有者之间起着桥梁作用。社会公众对所处社会环境中能为己所用的资源状况的了解，往往不是很全面，遇到困难时更不能有效地加以利用。社会工作者通过接受、传递和处理各种信息，及时沟通各方面、各环节的情况，在社会公众与提供资源、服务的系统之间建立起必要的联系，引导人们使用这些资源与服务，使案主能够充分利用由社会机构、社区资源和社会文化资源组成的网络，以满足自身需求。

1. 社工层面——社工自身的社会交往能力

社会工作是一项务实的专业，其核心价值是在实际生活中帮助受助对象并解决问题。社会工作者作为一种复合型人才，在社会工作实务中不仅需要与服务对象面对面接触、互动，还需要代表案主的利益，为他们奔走呼吁，争取社会资源，同时还承担改进和创新服务，搭建各社会机构及服务系统之间的沟通网络，满足受助对象的社会需求责任。社会工作者肩负多种任务的特性，决定了其要顺利高效地完成工作，必须具备多方面、高水平的综合能力，尤其是社工自身的社会交往能力。

社会交往，简单地说就是社会中人与人的往来与接触，是人们为了实现自己的目标而进行相互影响的社会活动形式。由人的社会性本质所决定，人若想使自己的社会需求得到满足，就必须进行有效的社会交往。社会工作是以人和社会为主要工作对象的职业，社会交往对社会工作者来说尤为重要。高效的社会交往，是完成日益艰巨复杂的社会工作任务的重要保障，这就要求社会工作者具备熟练、专业的社会交往能力。与不同职业群体、不同社会阶层、不同年龄阶段、不同文化背景、不同生活方式的案主都能够有效沟通，是社会工作者必备的素质。在与不同受助对象的交往过程中，如何通过其讲述的内容、言谈的方式、口头语言和肢体语言所传达的信息，准确把握案主叙述的内涵，并通过与案主进行态度与情感互动，建立更有利于开展工作的合作关系，是对社会工作者应该具备的社交能力的具体要求。

除面对需要帮助的个人或群体之外，社会工作者还需与提供帮助和服务的个人、机构或团体交往，而这些或个人或群体都是社会资源的拥有者。他们可能是具有相当物质财富的捐赠人，或者是提供服务的社会机构，或者是掌握心理学知识、医学知识、法学知识的志愿者，也可能是制定和执行社会政策的政府工作人员。因此，一名优秀的社会工作者，在社会交往方面应该是多面手，合理、得体、娴熟地在社会资源供给者和需求者两端进行协调与联络，以达成社会工作目标。这是社工社会交往的本质。

2. 机构层面——宏观调配

●积极开拓社工服务资金来源

目前，社会工作经费主要依靠各级政府的财政拨付。但社工组织通过各种合法途径自筹资金、自增资本，尤其是大力倡导和促进各类经营性组织向社会工作提供资金支持，则是社会工作健康发展的更有效途径之一。为此，社工机构不仅需要与社会上各种非营利机构合作，而且还需要积极开拓自己的资金募集渠道，提高机构自身非政府拨付经费比例，最大限度地使资金充裕化，从而为社会工作的健康发展提供更坚实的资金保障。

●宏观调配

对社工而言，机构就是他们的家，在服务单位遇到不开心的事或开展活动缺少物资的时候，第一时间想到的一定是机构。机构需要及时给社工提供情绪支持和物资协助。机构需要站在宏观的高度，从高处看社工，及时掌握社工工作动态，并在第一时间协助社工调配资源，以开展社会服务工作。

3. 学校层面——提供优势资源

学校社工分派到服务单位，也就是学校，学校则成为他们每天工作的地方。相对于社工本人而言，学校是庞大政府的一个下属机构，其所掌握的资源相对广泛而丰富，且能与不同部门进行交流。如果学校能向社工或社工机构提供优势资源并让社工或社工机构整合，学校社工的工作便会开展得更顺利，服务也会更优质。

4.4.6 社工与其他服务人员的培训及继续教育

按照相关实施细则，实行量化和制度化的社会工作者继续教育。社工每次参加继续教育，都需由实施单位记录和确认培训课时。注册执业的社会工作者在每一注册有效期（1年）内接受社会工作继续教育的时间，累计不得少于15天（120学时，45分钟/学时），其中有关职业道德的培训，不得少于8学时。社会工作者享有接受继续教育的权利，任何单位和个人，均不得限制或剥夺社会工作者接受继续教育的权利。

深圳社工目前主要接受四类继续教育。其一，社协组织的培训；其二，机构组织的培训；其三，同领域督导组织的培训；其四，社工自行参加的社工专业相关知识的培训。社会工作者继续教育的内容十分丰富，以适应岗位需要、提高社会工作者的理论水平以及分析和解决实际问题的能力为主，具有针对性、实用性和科学性是社会工作者继续教育的基本特征。社会工作者继续教育的内容主要包括：①专业价值观和伦理；②相关法律、法规、规章及政策；③社会工作实务；④社会工作经验交流、总结和分享。

为支持社会工作者享受继续教育权利，相关单位还应为社工的继续教育提供时间、公交补贴等。教育不仅是强国之本，而且也是社工提升服务品质的智力基础和动力源泉。因而，向社会工作者提供继续教育，是推动社工自身发展、提升社会工作品质的根本途径。

学校社工如何与不同人士建立关系

●学校领导

主动、自信地与学校领导沟通，是学校社工与学校建立良好关系的根本手段。社工要经常向学校领导汇报工作情况，包括已经开展的工作、工作成效及下阶段的工作计划等，同时也要借此机会表达社工理念，让学校领导更加了解社工；通过访谈等方式了解学校领导对社工的期望及他们的整体需求情况，根据学校的期望开展符合学校需求的活动。

●学生

以尊重和接纳的态度，了解本校各年龄阶段学生的心理特点，努力使自己与学生的思想感情保持一致，融入学生群体，走进学生的情感世界，站在学生角度观察、倾听，多用同理心了解学生的真实感受，收集学生的真实需求。

●家长

以平等、尊重、主动、同理、礼貌的态度对待家长，尤其是多争取家访机会，理解家长望子成龙、望女成凤的心情，掌握与家长沟通的技巧，善于倾听，诚恳听取家长的意见和建议，了解家长的教育方式、教育态度、期望水平和价值观等，让家长感觉社工是真心帮助和关心孩子的，从而与其建立起良好合作的关系。

●学校教职员工

真诚合作，尊重体谅，平等相待，努力成为教师群体的一分子。在多与学校老师沟通和商讨社工活动、听取老师的意见与建议的同时，社工还应该配合个案辅导的需要与不同老师进行面谈，及时向老师澄清社工工作的基本原则，让老师多了解和接触社工工作，从而获取他们的支持。

●学生朋辈群体

尊重和接纳，掌握该群体的心理特点，获取他们的信任。

●社区

与社区建立良好关系时，必须抱着主动、真诚的协作精神。学校社工有时需要在学校附近的社区开展一些宣传教育活动，这就需要与社区工作人员沟通协商，将社区本身的需求与社工开展活动的目标结合起来，以达到双赢的目的。

典型个案

6.1 个案一：迷途羔羊
——行为问题学生个案

6.1.1 案例背景

1. 服务对象基本资料

姓名：阿昌　　性别：男

年龄：15　　学历：中学　　个案情况：已结案

社会工作者：胡燕　　督导：何慧明

2. 个案背景资料

●接案原因

服务对象刚上初中不久就屡次和同学打架，上课不听课，成天只是睡觉，和同学讲悄悄话，扰乱课堂纪律，不交作业。最让老师担心的是，服务对象平时情绪很不稳定，总是握紧拳头，脸憋得通红，看上去心中有很大的怒火，似乎随时都会爆发。

●家庭资料

服务对象父母经营一家家具店，家中有一个姐姐，已结婚并育有一女。姐姐与姐夫一直帮助家里打理生意，且与其父母住在一起。

● 学业表现

服务对象常常不交作业，上课时间基本都是睡觉、发呆，学习成绩较差。据工作人员了解，服务对象在小学三年级前成绩都不错，四年级时成绩开始下滑。

● 行为表现

服务对象经常上课说话，做小动作，影响老师上课。不仅屡次与班上同学打架，而且还与数学老师打过架，甚至有与外校同学打架的行为。

● 人际关系状况

刚上初一时，服务对象几次和同学打架，加上平时对同学比较暴躁，以致同班同学对他的印象不太好，同学们都不愿意和他交往。

● 情绪状况

服务对象情绪不佳时，易采取一些不合理的方式发泄。譬如，深夜在街上游荡，不开心时用拳头击打墙壁，坐在高楼的阳台上发呆。

6.1.2 问题分析

在社工依据学校社会工作理论对案主的实际情况展开系统分析之后，社会工作者认为，案主当前存在的问题主要表现在以下五个方面：

1. 学习问题

自四年级开始，案主的学习成绩就一直下滑，到初一时其成绩在班级中的排名已经比较落后。因而，案主担心自己的学习成绩会越来越差，以后难以考上高中。

2. 交友问题

案主多次与同学打架，而且平时对待同学的态度也不太好，所以班上很多同学都排斥他。而案主自身在交友技巧方面又存在明显缺陷，因而难以改变同学对他的印象，故而在面对同学的排斥时，案主只能以沉默的方式保持与同学之间的距离。

3. 亲子关系问题

由于案主常与父母争吵而导致亲子关系紧张，所以基本不与家人沟通，放学回家后就把自己封闭在自己房间内玩电脑，从而使案主在家中难以感受到关爱和温暖。而父母在长期忙于生意的同时，还需要照顾外孙女，从而忽略对案主的照顾，也是严重影响亲子关系的重要原因。

4. 自信心问题

长时间以来，家长的批评、老师的指责、同学的排斥，均是令案主对自己产生怀疑和否定的因素。由别人的不接纳所导致的对案主自尊心和自我认同感的严重伤害，则是挫伤案主自信心的重要原因。

5. 情绪问题

学习成绩差、老师的批评、同学的排斥、家人的不理解，都是导致案主情绪问题的基本因素。而合理发泄情绪技巧的不足，则是案主采用一些极端手段发泄不良情绪的根本原因。案主的不良行为，包括交友、亲子关系等的不断恶化乃至恶性循环，实质上都是不良情绪及其情绪发泄方式问题。

6.1.3 服务计划

1. 长期目标

■提高自信心——协助案主认识自我价值，提高案主的自我认同感。

■改变服务对象学习态度，改进其学习状况——督促其尽量及时交作业，上课不睡觉、不讲小话、不扰乱课堂纪律，以提高学习成绩。

■学习情绪处理技巧——让案主学习、掌握不良情绪处理的合理技巧，引导案主运用适当的、安全的方式发泄不良情绪。

■改善家庭关系——教导案主学习掌握与父母的沟通技巧，尤其是在与父母之间的冲突处置技巧。

2. 具体目标

■发掘案主的长处，多方面肯定和欣赏他，让他知道自己的价值，让他充分感受被接纳和认同的快乐，增加其自我认同感，提升其自信心。

■通过家访，了解案主的家庭环境，评估家庭环境对案主问题的影响程度，并协调案主与父母之间的关系，引导案主与父母进行有效沟通，引导与增进家庭对他的支持和理解。

■引导案主掌握不良情绪发泄方式，摈弃具有伤害性的情绪发泄行为，例如用拳头击打墙壁、深夜在街上游荡等行为。

■建立案主支持系统，包括通过与家庭沟通，争取家人对案主的支持和理解；与班主任协商，取得班主任的谅解；与同学沟通，争取同学对案主的接纳和肯定等，为案主营造一个安全的被接纳和肯定的环境。

■协助案主制订学习计划，与之探讨学习成绩对个人发展的影响，以引导案主建构积极乐观的学习态度。

6.1.4 服务策略

1. 选择介入理论模式——人本主义疗法

人本主义疗法的认识基础是，爱与被爱、安全感与归属感等基本心理需要满足感的受挫，是人的负性情绪（如失望、恼怒、悲痛、敌视等）出现的根源。而直接影响案主学业、人际关系和不良行为的一系列负面情绪，正是在家庭没能得到父母的关爱，在学校没有得到老师的谅解、同学的接纳的直接结果。因而在服务过程中，社工不仅应该协助案主积极争取父母的理解、支持和关爱，还应该联系班主任和同学，让案主争取老师和同学对他的接纳与肯定，为案主营造一个安全的以及被接纳的成长环境。

人本主义介入治疗理论认为，如果社会工作者能提供足够的、高层次的基本条件，包括真挚的、无条件的积极关注和正确同感，同时案主又能在起码的程度上体会社工所提供的治疗性条件时，案主必然能有所进步，并获得建设性的人格改善。这种改善不会只限于辅导室，而是能延展到案主的日常生活的。依据这一理论，在整个辅导过程中一直贯彻“真挚、无条件接纳、同感”，令案主感受到被尊重、被肯定、被欣赏，提高他的自我认同感，为他营造一个安全受助的环境，从而促进案主的改变。

人本主义介入治疗理论认为，任何个人行为均立足于其对自己的看法。人的自我概念，形成于与个人生长环境中出现的重要人物的相互作用过程。本案案主较低的自我概念，尤其是较低的自我认同感以及相关的不良行为，实际上由其父母对他的长期批评和指责、老师对他的责备以及同学对他的排斥所导致。因而，在整个辅导过程中，社工应极力改善家长、老师、同学对他的看法，而一以贯之地欣赏、肯定案主，以提高案主的自信心、提升案主的自我概念，是社工工作的基本手段和途径。

2. 制定面谈机制

与服务对象约定每周二下午第七节课面谈一次。

6.1.5 介入过程

1. 第一阶段

目标：详细收集案主的相关资料，从老师、同学处了解案主的家庭情况、在校情况，增强案主对社工的信任感，从而与其建立稳定的信任关系。

内容：由于曾经受过太多的指责和排斥，所以案主对任何人都保持着很强的戒备心理，稍有不慎，案主就可能拒绝个案服务。主动约见案主，了解案主的的兴趣爱好，与其探讨他感兴趣的话题，如他爱玩的游戏、爱看的电影、爱听的歌曲等，是社工帮助其化解戒备心理的基本手段。在这一过程中，社工必须坚持以平等、尊重、接纳、倾听等态度，让案主感受到支持、理解、肯定和欣赏。社工对他的接纳，是使其增加安全感并与社工建立稳定信任的专业服务关系的前提和基础。

2. 第二阶段

目标：营造一个安全的倾诉环境，让案主有机会表达出自己对父母、老师、同学的看法，放松地宣泄自己内心的不满。

内容：过去家长、老师、同学总是指责案主，导致案主没有机会表达自己，因而只能以沉默来应对。社工需要以“探索—描述—宣泄”的方式，让案主说出自己对家长、老师、同学的看法，使其宣泄负面情绪。适时地疏导案主的负面情绪，是这一阶段的主要内容。

3. 第三阶段

目标：与案主一起探讨问题的成因，从家庭、老师、同学三个方面讨论解决问题的办法，制订服务计划。

内容：与案主一起讨论目前存在的问题，分析问题产生的原因，制订服务目标和计划。实际操作过程中，这一活动遭遇到了案主的心理抗拒，主要是案主只愿意谈及学校的事情，不愿意触及家庭状况。于是，社工放弃了原计划，只与案主讨论在学校里出现的问题，并与案主一起重新制订服务计划，主要包括如何提高学习成绩、合理处理情绪、合理运用交友技巧。

4. 第四阶段

目标：探访案主家庭，与其家庭进行沟通交流，了解父母对案主的看法，取得父母的理解和支持，以便为案主营造一个安全、被理解、被关爱的家庭环境。

内容：社工探访家庭，与案主父母面谈，了解父母对案主的看法。采用优势视角引导案主的父母发现案主的优点，使其父母肯定、欣赏案主，是社工在这一阶段采用的基本技巧。而使父母意识到家庭关系对案主的影响，从而取得父母的支持和理解。

5. 第五阶段

目标：与案主检讨服务计划的执行情况，协助案主处理计划执行过程中所面对的困难，鼓励案主努力坚持。

内容：定期与案主面谈，及时了解案主对服务计划的执行情况。其中所遇到的问题是，尽管案主已经付出努力，但因基础太差，案主的成绩在短时间内没有取得明显进步。而让案主意识到学习是一个长期过程，不是一朝一夕就能改善的，从而鼓励案主坚持下去，是社工解决这一问题的基本手段。而在人际关系方面，面对案主所反映的同学依然不愿与其交流问题，社工鼓励案主主动与同学交流，大胆踏出第一步，以改变同学对他的印象。此外，社工还鼓励案主通过做运动、听音乐以及倾诉等健康方式发泄和处理不良情绪。针对案主一直比较抗拒与社工谈及并面对家庭的问题，社工在其取得学习、交友上的进步之后，采用“对焦、面质”等技巧，鼓励案主面对家庭问题。其基本技巧是，了解案主对家庭的看法，引导案主寻找化解家庭冲突的方法，让其认识和了解家庭对其行为、情绪的巨大影响及解决家庭问题的重要性。

6. 第六阶段

目标：进一步检讨案主对服务计划的执行情况，保持与父母、老师、同学的联系，及时了解案主的状况，鼓励和支持案主，并协助其处理计划执行过程中的困难，以促使其进一步得到改善。

内容：从家长、老师、同学三方面着手，随时把握案主的状况，持续为案主的改善创造良好环境并扫除障碍。在肯定案主已有改善的基础上，鼓励其更进一步。

7. 第七阶段

目标：肯定服务对象取得的进步，做好结案准备，处理离别情绪。

内容：引导案主回顾整个辅导过程，让案主看到自己的改变，肯定自己，树立信心，规划未来生活。

6.1.6 评估

1. 目标达成情况

目标基本达成。从对班主任、任课老师、同学的访谈及观察可知，案主的改善主要体现为以下五个方面：

（1）情绪方面：开案以后，案主的性格日渐开朗，从前阴沉的面容逐渐有了笑容。

（2）与家人关系方面：案主与家人的冲突明显减少，日渐愿意和家人沟通了，已经不再成天板着脸对着家人；父母对案主也有了更多的包容和鼓励。

（3）学习方面：案主的学习热情明显增强，而且每天都去上补习班；晚上玩电脑的时间也明显减少，11点多就按时睡觉，相比以前12点后才睡觉，已经有了明显进步。

（4）行为方面：开案以后，案主扰乱课堂以及与同学打架的行为基本被克服了，对同学的态度也和善了很多。

（5）人际关系方面：随着案主行为的转变，同学已不再如从前那样排斥他了，但要想进一步改善人际关系，还需要案主主动与人交往。

6.1.7 结案

1. 结案原因

个案目标基本达到，自然结案。

2. 结案处理方式及建议

社工提前告知案主即将结案，并做好结案准备；结案时还处理了案主的离别情绪；告知案主，如有需要，结案后依然可以联系社工；让案主知晓，社工会在一定时期内跟进其最新情况。

6.1.8 专业反思

1. 一般技巧分享

社工最初接触案主时，曾遭到了拒绝和抵抗。但社工一直坚持运用接纳、尊重、同理、倾听等技巧，给案主以理解和支持，最终取得了他的信任。在个案辅导过程中，社工一直运用平等、回应、真诚等技巧对待案主，让他感受到社工对他的关心是真诚的；同时，针对案主一直逃避家庭问题、不愿意去面对的情况，社工采用了面质、对焦技巧，令案主看清自己的问题所在，然后再运用安慰、支持、肯定、欣赏等技巧鼓励案主面对问题、解决问题。

2. 情绪处理分享

每当看到案主的进步，社工都觉得很欣慰，也很开心。尽管该个案成功结案，但整个辅导过程的进行却并不是一帆风顺的。在接案之初，案主对社工是比较抗拒的；在面谈时，案主的沉默，也曾令社工非常灰心，甚至产生过既然案主不太愿意接受辅导就放弃的念头。但经过反思，社工认识到，案主的抗拒恰是因为曾经遇到过太多批评和指责，令案主对自己、对别人丧失了信心。为此，社工及时调整了自己的心态，并在此后的辅导过程中坚持以肯定和欣赏的态度对待案主；在始终相信案主能够自我改善的同时，相信自己有能力帮助案主去改变。可见，社工的坚持和信任是该个案成功结案的一个关键因素。

6.2 个案二：调整认知，展翅飞翔
——迷途少年的个案服务分析和反思

6.2.1 案例背景

1. 服务对象基本资料

姓名：李某　　性别：男

年龄：17岁　学历：高中　个案情况：已结案

社会工作者：吴惠玲　　督导：何慧明

接案时间：2010年9月13日

服务对象来源：前学校社工转介

2. 服务对象背景资料

因暑假补课期间与班主任发生冲突，案主被停课一周，开学后调整班级，案主从原来就读的美术专业调整到文科普通班。该事件发生后，案主曾打电话到教育局咨询与休学相关的事宜，有打算休学的念头。因此，教育局社工将案主转介给学校社工。

6.2.2 问题分析

1. 认知治疗分析

认知治疗是以改变不良认知为主要目标，找出错误的认知并加以纠正，从而纠正不良情绪和行为。案主认为自己是没有朋友的。在他看来，朋友是那种不与自己计较的人，如果对方跟自己有所计较，那他就不是朋友；而且对方必须要认同和理解他本人的观点，不认同的也不能归于朋友范围，不值得交往。在这种观点影响下，案主刻意与身边的同学保持距离，从而导致其性格孤僻，经常独处。案主对自己的问题缺乏认知。在服务过程中对案主进行认知治疗，让其客观理性看待身边的人和事，被社工界定为该个案的服务目标。

2. 心理社会治疗模式分析

心理社会治疗模式认为，人的行为是内在心理因素和外在环境因素相互作用的结果。案主性格孤僻，不愿与他人交谈，身边的同学对他缺少了解；在平时的课堂上，案主经常睡觉，特别是暑假补课期间与班主任发生冲突之后，学校的老师和同学都给他贴上了“不良学生”的标签。家人的不了解与不支持，令案主更加封闭自己。在不理性的认知与外在环境的相互作用下，案主内心的一些需求无法得到满足，进而导致了他脾气暴躁，并引发了一些不理性行为，包括与班主任发生冲突以及粗暴地踢课桌等，以发泄内心的不满。

3. 个人中心治疗法分析

个人中心治疗法（Person-centered Therapy）对人性的看法是，每个个体都有强大的内在力量，在经过真诚、被接纳和深度了解后，借着尊重和信赖，便有能力达到更高的境界，且能改变先前的不良适应，成为心理健康的人，朝向自我实现的方向发展。案主虽然是由教育局社工转介过来的，但他本人也有改变的意愿。在第一次与社工面谈之后，案主便主动约社工面谈，说明他内心有强大的改变动力。因此，社工可运用真诚、尊重、倾听等技巧，让案主感受到被接纳并信任社工，从而提升自我认知能力并改变自我。

6.2.3 服务计划

经过社会工作者小组讨论分析，结合案主自身的需求，社工与案主共同制订了以下工作目标和服务计划。

1. 长期目标

帮助案主改善不良行为，尽快融入集体生活，建立理性认知，提高自信心及分析能力，使案主能够自主解决日后生活、学习过程中遇到的问题。

2. 具体目标

■帮助案主建立客观理性认知。通过建立正确的认知，协助案主客观理性地看待身边的人和事。

■帮助案主改善不良行为，学会控制自己的情绪。改善其失眠状况，使他努力做到上课不睡觉，以正确方式发泄情绪和内心不满。

■帮助案主发展良好人际关系。引导他学习交友技巧，与同学建立和谐关系，多交朋友并加强与家人的沟通。

■帮助案主改善学习状况。协助案主逐步提高学习成绩，使其在班上的排名不断提高，扬长避短，充分发挥自身长处，增强自信心。

3. 主要服务内容

■采用倾听技巧，与案主建立信任关系。从案主的兴趣出发，采用真诚、倾听、尊重的沟通技巧，让案主感觉安全，从而建立信任关系。

■采用认知治疗法，在帮助案主纠正不理性的认知方式的同时，建立正确的认知方式，引导案主客观理性地看待身边的人和事。

■让案主学习、尝试正确的发泄内心不满的方法和交友技巧，并与社工分享尝试成果。

■挖掘案主的学习动力，并与案主探讨适合他本人的学习方法，协助他制订学习计划和学习目标。

■帮助案主挖掘自身的优势，并给予充分的鼓励，从而增强其自信心。

6.2.4 介入过程

1. 第一阶段：建立专业关系

时间：2010年10月14—18日

形式：转介和面谈

主要服务内容：本个案是此前的学校社工转介的。转介案主的学校社工，已经与案主有过两次面谈，此后再没能成功约见案主。社工接受转介后，便主动约案主见面。鉴于案主爱好足球、是学校足球队队员、在足球方面有一定特长，社工就从他的兴趣开始，采用接纳、倾听等沟通技巧与案主面谈。在这次面谈时，社工首先将社工原则如保密原则等告知案主，让其感受与社工面谈的安全性与可信任性，以愿意与社工交谈。在与案主接触两次之后，社工与案主建立起专业工作关系，并了解了案主的基本情况，完成了基本资料收集工作。

2. 第二阶段：突破初期的瓶颈

时间：2010年10月21日—11月4日

形式：面谈

主要服务内容：经过两次面谈，社工发现案主其实是一个非常健谈的人，只是因为缺乏倾诉的对象，才出现性格孤僻问题。当案主得知社工每周有两个晚上在心理咨询室值班的情况之后，他就在每个值班日主动去找社工谈话，大多数时间都是说自己身边的事以及自己的看法。通过耐心听他倾诉，社工发现案主实际上是一个有独特思想的人，对很多事件都有自己较独到的看法。因此，社工开始引导他去关注其他同学对同类事情的看法，并鼓励他尝试向班上的同学表达自己的看法。

3. 第三阶段：建立理性的信念

时间：2010年11月8日—12月9日

形式：面谈

主要服务内容：经过5次面谈，社工发现案主已经非常信任自己，因而开始采用认知疗法，引导案主建构理性认知能力。在引导案主对“朋友”进行重新定义的过程中，尤其是当案主对身边的一些事情表现出主观的非理性认知时，社工都会及时引导他用客观的、理性的方式看问题，以帮助他建立理性的认知。

4. 第四阶段：制订合理的学习计划

时间：2010年12月9日—2011年3月3日

形式：面谈

主要服务内容：在服务开始早期，案主即表示自己希望改变，特别是希望能够提高学习成绩，以获得家人的认可。在尝试与案主探讨学习方法时，社工发现他记忆力非常好，而且有自己的一套独特的学习方法。而学习动力不足，因经常失眠导致其在课堂上睡觉；学习时不能保持良好的精神状态，是其此前学习成绩差的主要原因。找到原因之后，社工首先与案主一起查找导致失眠的原因，并向其提供了一些治疗失眠的方法，鼓励他慢慢改善睡眠质量。其次是协助他订立学习目标，包括每次月考所应提高的分数、在班级中的排名等。最后在其获得进步之后，社工与案主一起庆祝。经过一段时间的努力，案主逐渐找到了学习的乐趣，学习随之成为其自觉的行为而不再需要社工督促了。

5. 第五阶段：后期跟进及回访

时间：2011年3月3日—5月10日

形式：面谈

主要服务内容：鼓励案主看到自己的优势，肯定自己，从而建立信心。服务对象有了较大进步之后，社工开始减少与案主的面谈时间。特别是在2010年度学期末，案主主动对社工说自己现在需要大量时间学习，而他的学习成绩也取得了长足的进步，从全班倒数到目前全班十几名，成绩提高了几十分。在此期间，社工与他的班主任也进行了沟通，了解到他的情况已经有了很大进步。两个月的观察结果表明，案主的确有了显著改善，因而，社工在鼓励他继续努力的同时，向他提出了结案要求，并对离别情绪进行了处理。

6.2.5 评估

1. 评估方法

该个案评估以社工自评、督导评估和案主评估三种方式结合进行。

2. 评估内容

社工定期主动与案主联络，采用了倾听、同理心、尊重等沟通技巧，与案主建立了良好的信任关系；通过挖掘案主潜能激发他改变的动力；通过鼓励，使案主的情形得到了明显的改善。社工比较成熟地采用了个案手法，其中在建立关系方面做得尤为出色，在获得案主高度信任的同时，使案主对社工形成了很高的满意度和认可度。

6.2.6 结案

1. 案主的改善

结果：案主厌学、想退学、人际关系不和谐以及暴力发泄内心不满情绪的状态明显改善。具体表现是，经过社工跟进，案主有了较大进步，能够理性分析和看待身边的事情，学习成绩突飞猛进，个别科目还在班级名列前茅，与同学关系有了一定改善，获得班主任的好评。经过社工近两个月的观察，案主能够保持改善结果并呈现出自我强化趋势。

2. 结案原因

个案目标基本达成，自然结案。

6.2.7 专业反思

在从事社工之前，该社工一直从事特殊儿童社工服务的工作，这是该社工进入学校后的第一个个案，因此具有一定挑战性。在接触这个个案前，社工阅读了许多介绍青少年心理特点的书籍，希望在了解高中阶段学生心理特点的前提下开展工作。事实证明，社工的这一努力是很有成效的。

在接案初期，社工所采用的倾听、尊重、接纳等沟通技巧发挥了重要作用，辅导过程中案主无所顾忌地向社工倾诉，并表达自己的观点，正是以这一建立在案主对社工良好信任为基础的专业关系为前提的。由此可见，建立深受案主信任的专业关系，是这一个案成功的基本前提。

毋庸讳言，在与案主一起走向成功的过程中，也确实出现过一些令人沮丧的情形。比如辅导中期社工出现的迷惘，即在案主表面问题似乎解决，但与最终目标尚存在一定距离时，社工不知道下一阶段辅导计划该如何进行。督导的及时鼓励与引导，对于扭转这一局面发挥了很大作用。该个案留下的一个基本启示是，社工开展个案辅导的最终目的是实现“自助”，即帮助案主提高自身能力，让他有能力自己解决问题。社工在督导鼓励和引导下，通过个案回顾以重新订立服务目标，是社工继续努力并最终与案主一同走向成功的重要保障条件之一。

小组活动分享

7.1 小组活动分享一：给力青春，你我同行
——人际交往小组

1. 小组基本情况

■小组名称："给力青春　你我同行"人际交往小组；

■活动对象：学校西校区2010届高一新生；

■参与人数：9人；

■社会工作者：陈义双。

2. 小组目标

■协助组员自我认知和自我探索；

■指导组员学习人际交往技巧，学习和积累人际交往经验；

■营造和谐的人际交往氛围。

3. 理论与方法

青少年时期是一个充满变化的时期。青少年对自我的探索、认同，对人际关系、家庭以及社会角色等每天都会产生新的认识和新的适应。这些自身成长的特点，使得青少年的成长过程充满着矛盾和疑问。青少年的人际关系，是其社会化过程的重要组成部分。学会协调该时期的人际关系，使其健康和谐发展，对促进他们形成成熟、稳定的个性和心理特征具有十分重要的意义。

随着年龄的增长，青少年与父母相处的时间逐渐减少，而与朋友相处的时间却愈来愈多，青少年要度过这段身心骤变的时期是不容易的，而且是需要时间的。人际交往适应是否良好，将直接影响其人格发展。因此，培育人际交往技巧与沟通能力，对青少年而言显得非常重要。

4. 小组过程

●小组计划

第一篇：人际关系初期之注意你我

第一节 你好

活动总时间60分钟，具体活动安排见表7.1。

表7.1 具体活动安排

时间（分）	主题	目的	方法/内容	工作员角色	物资/备注
3	开始语	使组员了解小组活动方式及目标	带领者介绍自己及工作人员，说明此次小组的目标及进行方式	讲解者	背景音乐

续表7.1

时间（分）	主题	目的	方法/内容	工作员角色	物资/备注
10	1元5角	破冰/分组	男生代表1元钱，女生代表5角钱，由主持人喊出一个组合数，组员迅速组合；最后一个数字可以设计成让男女比较均匀的数字，以达到分组的效果和目的	带领者	背景音乐
15	认识“快快快”	互相认识	小组在10分钟内用自己的方式认识彼此的组员（可借助道具），邀请组员代表向其他人介绍小组成员	带领者	彩纸/彩笔
10	我希望	分享和澄清期待	分小组思考和分享自己的期待	带领者 参与者	
10	订立小组守则和契约	订立小组守则和契约	社工带领组员采用头脑风暴法，订立小组守则和契约	带领者	

续表7.1

时间（分）	主题	目的	方法/内容	工作员角色	物资/备注
10	我记住了他	总结第一印象的影响因素	第一单元活动即将结束，请每位成员把印象最深刻的成员名字写在卡片上，并注明原因；将结果公布，看谁是给人留下最深刻印象的人，分析原因，总结影响第一印象的各种因素	—	—
5	人际小讲堂——第一印象	分享交往知识	社工用5分钟分享交往技巧小知识	讲解者	—
2	总结	社工总结	总结及预告下节内容	协助者	—

第二节 走近你我

活动总时间60分钟，具体活动见表7.2。

表7.2 具体活动安排

时间（分）	主题	目的	方法/内容	工作员角色	物资/备注
3	开始语	使组员了解团体的进行方式及目标	带领者先介绍自己及工作人员，说明此次小组活动的目标及进行方式	讲解者	背景音乐
10	九宫格	破冰/相互熟悉	人生九宫格 分享九宫格	带领者	背景音乐
20	画一画：进入高中后的不同、变化以及你理想的高中生活	互相交流以更多地熟悉和支持	小组内分享高中的不同、变化及自己的困惑，出谋划策	带领者	彩纸/彩笔
20	信任行	感受支持和信心	学生蒙眼穿过障碍，取得目标物；学生在搭档的帮助下取得目标物，分享其中的感受	带领者	—
5	人际小讲堂——高中时期的变化	分享青少年高中时期的变化	成员自由分享高中时身心发生的变化，社工总结补充	讲解者	—
2	总结	工作员总结	总结及预告下节内容	协助者	—

第二篇：人际关系初期之自我认识

第三节 我的曲线

活动时间60分钟，具体活动安排见表7.3。

表7.3 具体活动安排

时间（分）	主题	目的	方法/内容	工作员角色	物资/备注
3	开始语	使组员了解团体的进行方式及目标	带领者先介绍自己及工作人员，说明此次团体的目标及进行方式	讲解者	背景音乐
20	人生曲线	对自己的人生做出评估；理解千差万别的人生经历，增进他人对自己的理解	准备1张纸、1支笔。 指导者先说明用人生曲线探索自己人生过程的意义；要求大家画一个坐标，横坐标表示年龄，纵坐标表示对生活的满意程度；找出自己生活中的重要转折点，连成线，边看着线边反省，并对未来人生的趋向用虚线表示。 在小组中，每位成员以坦诚的态度向他人介绍自己的人生，通过相互交流可以了解每个人有各自不同的人生经历	带领者	纸、笔

续表7.3

时间（分）	主题	目的	方法/内容	工作员角色	物资/备注
20	进入高中后的不同和变化	互相交流，更多地支持和熟悉	小组内分享高中的不同和变化，让小组成员为自己的困惑出谋划策	带领者	彩纸/彩笔
10	心有千千结	感受支持和信心	—	带领者	—
5	人际小讲堂：青春期的特点	分享青春期成长的特点知识	社工用5分钟时间分享青春期成长的特点知识	讲解者	—
2	总结	社工总结	总结及预告下节内容	协助者	—

第四节 了解自己

活动总时间60分钟，具体活动安排见表7.4。

表7.4 具体活动安排

时间（分）	主题	目的	方法/内容	工作员角色	物资/备注
3	开始语	使组员了解团体的进行方式及目标	带领者先介绍自己及工作人员，说明此次小组的目标及进行方式	讲解者	音乐背景
10	开心果园	热身	接龙游戏："水果名称"，失误者接受特殊奖励	带领者	背景音乐
20	你像哪种动物	自我探索	将各种各样的动物漫画展示给大家看（或做成图片贴在教室的墙上，或做成幻灯片），让大家分别描述不同动物的性格，尤其是描述当它们遇到危险时的反应，比如乌龟遇到危险以后就会缩到壳里；让组员回想，当他们面对矛盾的时候会有什么反应？面对矛盾时他们的第一反应是什么？这一点和图中的哪种动物最像？如果图里面没有，也可以找图以外的，最主要是要言之有理；让每个人描述他所选择的动物性格，并说出理由。比如说，"我像刺猬，看上去浑身长满刺，很难惹的样子，其实我很温驯"	带领者 参与者	动物漫画

续表7.4

时间（分）	主题	目的	方法/内容	工作员角色	物资/备注
25	魅力测试站	情景描述，组员讨论与分享，引导组员讨论	性格卡片、笔	—	—
2	总结	社工总结	总结及预告下节内容	协助者	—

第三篇：人际关系之交往

第五节 沟通从倾听开始

目标：协助成员掌握倾听的语言技巧和非语言技巧。

活动总时间68分钟，具体活动安排见表7.5。

表7.5 具体活动安排

时间（分）	主题	方法/内容	物资/备注
3	开场白	介绍本次活动内容	
10	“我说你画”暖身游戏	两人搭档分组，一人描述一人绘画；交换角色；小结	白纸、彩笔
25	倾听的技巧	结合上一环节，小组讨论倾听技巧；分享小节；举例说出自己搭档做得好的倾听行为	—
25	沟通练习	情景描述；思考个人如何回应；小组讨论并分享如何回应，分析原因	情景卡片
5	小结	简单小结；填写“团体活动心得记录表”，预告下节活动内容和时间	“团体活动心得记录表”

第四篇：人际关系初期之冲突

第六节 解开人际千千结

目标：协助组员改变对人际冲突的消极看法，协助组员掌握建设性解决人际冲突的基本技巧。

活动总时间58分钟，具体活动安排见表7.6。

表7.6 具体活动安排

时间（分）	主题	方法/内容	物资/备注
3	开场白	介绍本次活动内容	—
25	解开千千结	参与游戏，分享讨论	—
25	人际矛盾情景剧	选取生活场景，并邀请同学表演；小组讨论对策并邀请同学表演出来	秒表
5	小结	简单小结，填写团体活动心得记录表，预告下节活动内容和时间	团体活动心得记录表

第五篇：人际关系初期之成长

第七节 一路上有你

目标：协助组员分享参加小组活动的心得与感受；小组成员之间相互祝福，结束小组活动；评估小组辅导的效果。

活动总时间65分钟，具体活动安排见表7.7。

表7.7 具体活动安排

时间（分）	活动名称	内 容	物资/备注
5	开场白	介绍本次活动内容，告知团体进入最后一节	—
25	回首来时路	引导成员放松，回顾小组历程，补充发言，领导者鼓励	放松音乐

续表7.7

时间（分）	活动名称	内容	物资/备注
15	祝福留言卡	给每位成员发一张心形的祝福卡；每位组员在卡的上端写下“对××的祝福”，然后依次向右传，写下自己对其他成员的祝福、鼓励或建议；写完后，每位组员仔细阅读他人写给自己的祝福，并对他人表示深深的感谢	心形祝福卡每人1张、笔每人1支
10	最后大团圆	所有组员站成一个大圈，面朝圆心，将两手分别搭在左右组员的肩膀上，然后随着《友谊地久天长》的背景音乐有节奏地左右摇摆，并一起轻声哼唱，使全体组员在温馨甜蜜的气氛中告别团体	音乐《友谊地久天长》
10	告别	宣告活动结束；填写团体活动心得记录表，填写反馈问卷	团体活动心得记录表、反馈问卷

● 小组发展状况

■小组创建初期的情况。在小组创建初期，为了后期的活动开展更加深入，在初期设置两节内容，即组员之间相互认识，熟悉小组，订立规则，并就高中生活变化话题进行探讨，使组员有充足的时间尝试互动，并在感觉安全的环境中进行交往。初期，组员间彼此陌生，对小组形式和社工都很陌生，切合人际交往、人际互动主题。针对此情况，社工应首先发挥自身感染力，调动情绪，通过小组热身活跃气氛。之后，社工通过发起自由讨论订立小组规则，并通过“九宫格”游戏以增进大家的熟悉程度，再通过组织组员绘画来展示高中生活变化，进而分享和讨论，其后开展“信任行”游戏帮助组员感受身边力量对自我的支持。这样，小组创建初期以多种活动形式穿插进行，加上社工很好地调动气氛，从而使组员更好地融合、小组气氛更加活跃，达成了在组员之间建立良性互动关系的目的。

■小组中期的情况。小组中期，组员间的熟悉程度增加，彼此间互动比较多，但是组员之间也会出现小冲突，如在游戏中组员有戏弄他人的行为。在社工引导下，组员对自身行为有了新的认识和反思。在进入自我探索环节时，组员开始深入地自我探索和分享，尤其是通过对以往经验的分享、对受伤经历的袒露，组员之间感受到彼此的真诚和信任。针对部分组员不太懂得如何支持他人的问题，社工引导组员互相给予赞赏和支持，使其取得了很大进步。组员认为，在小组中把自己的经历和感受讲述出来不仅是一种发泄，而且也是对小组的认可和信任。至此，小组进入最重要环节，组员在这个阶段开始深入探讨相关话题。令人欣喜的是，小组成员在小组中谈到“善良的性格”的时候，延伸探讨到了“人善被人欺，马善被人骑”的现象，并互相提意见，互动很热烈，分享也很深入。而组员之间相互提供意见和帮助，尤其是当内向的组员不知道如何表述自己的时候，其他组员给予其帮助，鼓励其表达，使内向的组员也尝试自我表达，是这一环节的重要内容。而社工开始尝试慢慢淡出小组，以引导组员发挥自身的主体作用，使小组的凝聚力和动力逐渐体现出来。

■小组活动后期的情况。小组活动后期，也是小组的结束期。此阶段主要是回顾小组历程，总结小组经验，增强小组的凝聚力。在小组过程回顾环节，小组的支持使小组气氛达到高潮。而社工带领组员通过小组造句、小组留言等方式，协助组员描述自己对小组活动的感觉和情感，以增进彼此的交流，分享美好感觉。在离别情绪处理环节，社工引导组员正视离别和小组经验，并在爱的鼓励声中结束小组活动。总体而言，组员对小组活动的评价不错，希望以后有机会继续参与，以获取更多人际交往技巧。

5. 评估

●评估方法与评估内容

■在小组开组前及小组活动的最后一节，组员需要完成同一份问卷，以比较组员参加小组活动前后在人际关系方面的变化，了解他们在参加小组活动后是否获得了成长。

■社工在小组活动过程中留意组员的变化并及时强化和跟进。

■组员在小组活动每一节中的分享及留言，都是重要的评估信息。

■根据组员在小组活动的出席率和投入程度来作评估。

■在小组结束后进行小组问卷评估，了解组员对小组的评价、意见。

■通过与个别组员的面谈和交流作评估。

● 组员评价情况

本主题小组活动的目标是提升组员人际交往技能，营造良好的人际交往氛围。运用以上评估方法综合分析可知，有67%的组员认为，通过互动，小组活动完全达到了自己的期望；有37%的组员认为，小组活动很大程度上达到自己的期望，总体而言，组员对小组活动达成期望的满意程度是很高的。56%的组员认为，小组对自己非常有用，而44%的组员认为，小组对自己是有用的，有用度为100%，对于这项指标，组员的满意度也很高。就小组成员对本次小组的满意度评价而言，89%的组员认为非常满意，11%的组员认为满意，满意度达到100%。组员认为，在小组活动中认识了很多朋友，知道了如何处理与朋友的冲突、如何提升自己的交际能力，认为小组活动对自己的工作会很有帮助。此外，组员的投入程度也很高。

根据组员的反馈和回应，本次小组活动基本达成了3项目标。首先，在实现自我认知和探索目标过程中，组员进行了自我认知并相互探讨，从而加深了对自我的认识，而且学习到了人际交往的小知识和技巧。其次，对于组员而言，小组活动是很难得的体验和值得纪念的经验。最后，组员认为，他们在小组活动中感受到的友好人际交往气氛及经验，为自己提供了有效的帮助。对此有所了解的老师都很支持和认可本次小组，希望以后可以多开展些类似的活动。

6. 专业反思

经过社工和组员的共同努力，本次小组活动在历时近3个月后完满结束，社工和小组组员都从中获得了难得的经历和宝贵的经验。对于组员来说，这是一次成长的磨砺。

●小组是集体的，不是社工的

在本次小组活动中，社工尝试运用小组动力理论与组员一起关注小组活动的进程和发展，而不是按照计划按部就班地开展小组活动。在出现问题时，小组一起探讨改进；在面临困境时，小组一起克服而不是按照社工确定的步骤进行。

●塑造正面心态

在小组活动中积极营造正面氛围，塑造组员正面心态，培养组员积极的思维方式，以帮助组员的发展。

●社工要拿得起、放得下

社工应伴随小组活动进程，拿得起、放得下。在前期，社工应多参与和引导小组活动；但在中后期，尤其是在小组活动自身动力很足的情况下，社工应慢慢淡出小组，以逐渐增加组员处理小组活动事务的权利和机会；在小组活动结束时，组员处于离别情绪时，社工应回归引导者角色，做到张弛有度。

●相信组员

以相信组员有能力处理小组活动事务、能面对自身成长问题为前提，给组员以相应的支持和鼓励，并为组员预留充分的空间让他们发挥潜能，从而使组员获取令人惊喜的成果。

●相信自己

在小组活动中，社工不仅应该以自信、抛开束缚的个人魅力来感染组员，营造一种自由、开放的氛围，同时还应该在小组活动中展现自己的专业自信。

7.2 小组活动分享二：时光共舞
——青少年时间管理小组

负责社工

马萍萍。

概　要

在中学阶段，青少年需要主修9门课程，同时还得辅修体育、美术、音乐及其他艺术课程，学习任务较为繁重。在与老师、同学的访谈过程中，社工发现部分刚进入初一年级的同学较难适应初中阶段的学习安排，常常面临时间不能满足学习需要、学习任务无法按时完成的困境，进而出现学习压力大、情绪压抑和厌学问题。在走访、了解同学们的实际情况并做出评估后，社工招募了12名情况较为相似的同学开展小组活动。而通过精心设置的游戏和讨论，提升青少年管理时间能力，以帮助他们适应初中阶段的学习，是这一小组活动的目的。以埃里克森的人生发展八阶段理论为指导，立足于青少年身心发展特点，从青少年自我同一性发展特性入手来引导青少年培养独立思考并适应变化的能力，是开展小组活动的思想基础。

对　象

12名初一年级学生（2010年9月1日入学）。

小组目标

提高同学们规划和利用时间的能力，增强他们完成学习任务、适应初中阶段学习生活的自信心，促进青少年自我同一性的发展。

小组物资

线团、卡纸、拼图、秒表、画笔、画纸、时间管理小故事等。

小组形式

游戏、讨论、图画、情景模拟等。

小组活动重点

1. 检视同学们的时间使用情况，分析时间不能满足学习需要的原因，制定恰当的小组目标。

2. 分享、学习时间管理的方法和技巧，制订合理的学习时间规划，帮助同学及时完成学习任务，增强其完成学习任务的自信心。

3. 与同学一起分析初中阶段青少年身心发展变化及特点，正确认识当前的人生任务，培养其独立思考、自主决策的能力。

小组程序

共5节，每节60分钟，于2010年11月5日—12月3日每周四的13:00～14:00举行。

筹备工作

1. 学校及老师向社工反映，希望得到提升时间管理能力方面的服务。在社工走访学生并了解实际情况和学生意见之后，就开展服务的可行性和必要性进行评估。

2. 查找资料，撰写小组计划，准备活动物资，张贴海报招募组员。

3. 对报名学生进行访谈、筛选，并确定小组组员、活动时间和活动地点。

4. 招募义工担任助手，协助小组活动开展。

活动内容及形式

活动共分5节，活动内容及形式见表7.8。

表7.8 活动内容及形式

小组节数	小组主题	主要活动内容
第一节	分析时间使用现状和时间不能够满足学习需要的原因，共同制定小组目标和规则	● “抛线团”游戏：互相认识 ● 抢凳子游戏：解释小组的定义和目的 ● 制定小组目标和规则
第二节	增强小组凝聚力，增强组员整合利用时间的能力	● “姓名翻牌”游戏：热身 ● “危险大逃亡”游戏：时间认知能力培养 ● 时间拼图：时间整合能力培养

续表7.8

小组节数	小组主题	主要活动内容
第三节	使组员学会合理安排时间，制订适当的时间使用计划	● 明星通告：合理安排时间启发游戏 ● 我是小记者：时间管理经验分享游戏 ● 制定自己的时间表并讨论其合理性
第四节	检视前3节小组成效，启发青少年自我同一性发展	● 小组效果反馈、讨论，修订小组规则和目标 ● 大家来找茬儿：自我同一性发展启发游戏 ● 昨天、今天、明天：自我同一性发展讨论游戏
第五节	巩固小组成果，处理离别情绪	● 猜数字：未来启发性游戏； ● 梦想30分：巩固小组成果游戏 ● 向组员赠送卡片：处理离别情绪

评　估

1. 学生评估。每次活动开始前请组员分享自己对小组活动的期望，每次活动结束后请组员填写调查问卷，以此了解他们的感受、收获、意见和建议。在小组结束后，请所有组员填写小组整体评估调查问卷，同时随机抽取4名组员进行访谈，评估小组的效果和目标实现情况。

2. 社工自评。每次活动结束及小组整体结束后，由社工对自己的表现、组员的表现、小组内容与目标的相关性、小组目标的实现和小组氛围等内容作出评估。

3. 跟进评估。小组结束后跟进组员表现，同时听取老师意见，综合评估小组的效果。

人手分工

社工1人，义工助手1人。

参加者表现

能够准时出席小组活动，积极遵守小组规则，认真参与游戏、讨论、分享，认同小组目标并积极达成，组员关系良好，主动维护小组积极、融洽的氛围。

社工表现

积极尽责，投入度高，能够很好地应对小组中的变化，积极听取活动参与者的意见和建议，但实务工作经验不足，还需加强锻炼和积累。

其他观察

与学校协商利用学生午休时间开展活动是可行的。社工在安排活动计划的时候，提出在午休时间开展活动并征得学校同意。社工可以向学校及老师说明活动的意义和内容安排，老师会同意与社工一起安排活动时间。招募组员时，社工可以向组员征集意见，考虑他们是否有午休的需要。当组员自愿报名参加活动时，他们会积极为社工提供参考意见。这些都可以让社工很好地安排活动时间。

第1～3节小组活动出现超时现象。由于组员非常喜欢社工设置的游戏，他们经常沉浸在游戏中不愿结束，导致小组活动超时。针对这一情况，督导提出的建议和指导是：首先，小组主题是时间管理，小组活动超时不能起到好的示范作用，应当避免小组活动超时；其次，社工针对超时现象向组员作出解释，并请组员遵从小组安排；最后，根据组员兴趣和小组进展，社工适当删减了一些内容和安排。经过社工与组员的共同努力，超时现象逐渐被克服。

目标达成

1. 达到提高青少年时间管理能力目标。12名参与学生反映自己学到了合理利用时间、更好地安排学习任务、制订时间使用计划表等技巧，并能够及时完成学习任务。

2. 有效增强了青少年的自信心和适应初中生活的能力。12名参与学生及他们的老师都反映，在小组活动之后，同学们性格逐渐开朗，在学习生活中表现得更加自信，明显适应了当前的学习生活。

3. 通过启发使青少年认识到人生发展特点，帮助青少年了解了自身发展任务，一定程度地促进了青少年的自我角色认知，发展了青少年的自我同一性。

小组活动总结

本次小组活动是该社工职业生涯的第一个小组服务，此时该社工到驻点学校的时间还不足1个月，所以这次小组活动对社工来说有非常重大的意义和较强的挑战性。因为缺乏实务经验，所以在策划小组活动方案之初，该社工非常担心和焦虑小组活动效果，尤其害怕自己会让组员们失望。但通过参考同类小组活动和相关资料并评估组员实际需要，小组活动目标和内容逐渐清晰，最终顺利完成了小组活动任务。

第一节小组活动时，组员们表现出了对学习的焦虑感和时间管理的不自信，呈现出较为低落的情绪状态。受组员影响，社工对小组也非常不自信。怀着与组员一起学习、一起成长的信念，该社工还是积极投入到小组活动中，努力调动组员的积极性。

在本次活动中，社工带领组员讨论了他们的时间管理现状，一起分析了他们理想的时间使用状态及他们当下出现困扰的原因。经认真分析，每个人对自己的情况和需求都有了清楚的认识和更加明确的了解，小组活动目标由此而得以确立。在第二节和第三节小组活动中，组员主要学习了如何充分利用每天的时间，制订了恰当的时间使用计划，逐渐提高了完成学习任务的效率。在3节小组活动之后，组员已经非常活跃并认同小组，他们能够积极参与小组游戏，积极思考、讨论和学习，推动小组活动顺利向前发展。因而，在第四节小组活动中，组员开始对小组有了更多的期待，除学习时间管理知识外，他们又提出了人际交往、学习方法等多种需求。因此，社工不得不停下来与组员重温小组目的，还适当地在小组活动中增加了一些内容以满足他们的需求，同时还婉转地拒绝了与小组活动主题无关的期待。第四节小组活动主题聚焦在带领组员发现自身的成长变化，鼓励他们积极培养自主时间管理的意识，让他们有信心去面对当下及未来可能遇到的困难。在第五节活动中，我们迎来了小组的解散。利用照片、活动道具，社工和组员一起回顾了小组的学习历程，鼓励他们利用在小组中学到的时间管理技巧及相关知识，在今后的学习和生活中不断提高自己管理时间的能力。许多组员表示，小组活动结束太快，他们还需要几次小组活动来提高自己时间管理的能力。从组员的话语中，社工能感受到他们对小组的不舍之情，但是在与他们分析我们最初约定的目标之后，社工还是决定按计划解散小组。

尽管小组活动仍有许多需要完善之处，但从社工对小组活动进行的多方评估结果来看，小组活动还是比较成功的。参与小组活动的同学也对小组活动给予了很高评价，这不仅让主持小组活动的社工非常开心，而且也极大地增强了社工工作的信心。

社工专业反思

对新入职的社工而言，策划小组活动是一项很困难的工作，决定小组活动从何处入手，则更加困难。经历本次小组活动之后，社工认识到，在做服务计划之前多与潜在服务对象聊一聊，以观察和了解他们的需要、特点等，把握服务的总体目的，预先制订大致的服务计划。在招募并确定活动参与者之后，则可与参与者一起协商细致的小组活动目标，再根据服务对象的兴趣去具体确定小组活动内容。需要注意的是，小组活动并非一定要严格按照预先制订好的计划书来开展，因为随着认识的加深，参与者的表现和期望都会要求我们作出相应的调整。

时间管理是一种习惯，并不是学习几种技巧就可以立刻拥有良好的时间管理能力。所以，在小组活动中组员的成长并不是马上就可以见到的。社工要清楚这一点，不可以操之过急，而且也要向组员说明这一点，以免组员对小组失望并产生误解。社工要仔细观察组员的表现，及时发现组员细微的成长和改善，及时给予鼓励和建议，帮助组员更好地成长。

督导点评

在小组活动中，社工还发现参与者经常把社工当做老师，以求教的态度与社工互动，会期望社工像老师一样为他们解答困惑。在这种情况下，社工要明确自己与老师的区别，处理好与参与者之间的角色关系。社工可以承担教育者角色，但社工更重要的职责是启发参与者获得一种新的看问题的视角。

“中午时间同学都要吃饭和午休，社工搞小组活动是不行的。”这是很多学校社工的思维定势。然而，这个案例向我们展示了灵活思维、积极行动的重要性。假如学校社工能与学校好好沟通，以满足学生的需要为指导纲领，以解除学校的顾虑为原则，以实践社工的理念为目标，创造多赢的局面实非难事。事实上，就目前的学校社工服务的发展境况而言，大多社工缺乏开展小组活动的空间与平台。如能善用学校平台，社工专业服务就能得到很好开展的立足点。

7.3 小组活动分享三：和谐人际，由我做起
——认识人际关系讲座

负责社工

潘春珠。

概　要

统计资料表明，良好的人际关系可使一个人的工作成功率与个人幸福达成率达到85%以上。在一个人获得成功的因素中，85%决定于人际关系，而知识、技术、经验等因素仅占15%。在某地被解雇的4000人中，人际关系不好者占90%，不称职者占10%。大学毕业生中人际关系处理得好的人平均年薪比优等生高15%，比普通生高33%。由此可见，建立良好的人际关系是非常重要的。

青少年时期是一个充满变化的时期，伴随青少年对自我的探索、认同，其对人际关系、家庭以及社会角色等，每天都在出现新的认识并需要新的适应。由这些成长特点所决定，青少年的成长是一个充满矛盾和疑问的过程。在青少年人际交往观还不稳定的情况下，为其提供一些人际方面的指导，以向其倡导正确的人际交往观念和技巧，意义显然十分重大。基于这一背景和需求分析，社工针对高一学生开展了一次主题为“和谐人际，由我做起”的活动，以使组员懂得

G

人际交往不仅需要拥有正确的与人相处的观点和态度，而且还应了解与人交往过程中可能出现的矛盾与冲突，寻找缓和与化解矛盾的方法。

对　象

高一年级学生。

目　标

通过活动，让组员了解学生阶段的两大最密切人际关系——朋辈关系和亲子关系，并引导其正确认识和对待这两种人际关系以及可能出现的矛盾与冲突，使其正视自身的朋辈和亲子关系。

教学工具

情景短剧演示，以简报（PPT）展示。

教学方法

情景剧现场演示、有奖问答、互动分享、简单解说。

课程重点

情景剧演示、互动分享和简单解说。

活动程序

活动总时间60分钟，具体活动程序见表7.9。

表7.9 活动程序

时间（分）	目 的	内 容	所需物资	备 注
10	● 介绍社工及服务内容 ● 激发学生对活动的好奇和兴趣	● 社工自我介绍 ● 解说活动主题和目的 ● 介绍活动的开展形式	桌椅、麦克风、音响、抽奖名字	
8	认识朋辈相处的重要性及矛盾处理	情景短剧演示1：朋辈相处	场景模拟道具	演员全部为高一年级学生
12	● 运用学生自身资源，分享对朋辈关系的认识 ● 解说正确的朋辈相处的观点及方法	● 邀请演员分享 ● 进行有奖问答（根据情景剧的内容设计题目） ● 解说朋辈人际关系	奖品：本子、笔（社工笔）、荧光笔、书包挂链、小饰品	

续表7.9

时间（分）	目的	内容	所需物资	备注
8	认识亲子相处的重要性和家庭冲突对孩子的影响	情景短剧演示2：亲子相处（家庭短剧）	场景模拟道具	演员全部为高一年级学生
12	● 运用学生自身资源，分享对于亲子关系的认识 ● 解说正确的亲子（家庭）相处的观点及方法	● 邀请演员分享 ● 有奖问答（根据情景剧的内容设计题目） ● 解说亲子关系	奖品：本子、笔（社工笔）、储蓄罐（兔）、书籍（家庭书籍）	
10	总结、收集活动反馈信息，为小组招募组员做准备	总结，发放活动反馈表和“朋辈沟通小组”招募书	活动反馈表、招募书	

活动总结

本次活动在学校及老师的支持下圆满结束，基本达到目标，且扩大了社工的影响。社工也更多地了解了学生的需求和喜欢的活动形式，同时也发现了一些需要改进和注意的问题。

●时间安排

本活动在计划的时间内完成了预计的环节，时间把握得比较恰当。但从反馈问卷中得知，部分学生觉得活动的时间还是太短了一些。

●参与情况

本次活动采用两个情景短剧演示、有奖问答等形式。从活动过程中的互动情况可以看出，学生的参与度和投入程度较高，大家积极互动，踊跃分享，气氛活跃。

●资源利用程度

学生自身的资源运用是本次活动的一个亮点。一是活动中由学生表演情景剧，并以演员的身份主动分享，起到了带头作用，更好地达到了同理的效果；二是运用演员学生的朋辈脉络关系，促进学生积极参与以提高其投入程度，从而提高活动的质量。在硬件资源方面，由于学校的音响设备有限，活动过程中麦克风不够且经常失灵，整个活动的音响效果不是很顺畅，导致坐在后面的学生有时候听不清。而在物资方面，短剧演示所需要的道具较多，因而在短剧排练时，经社工与演员们商量，尽量利用了现有的资源，因而减少了物资消耗和不必要的人力消耗。

筹备工作

●策划阶段

首先，在活动开展前3个月，社工就了解了举行人际活动需求并形成了采用短剧演示形式的想法。经学生处领导同意，社工开始招募组员，开展了“人际交往角色扮演小组”活动。经过数月的小组活动，排练出了两个短剧：《朋辈关系》和《亲子关系》。其次，在短剧排练完成后，社工做出了本次活动的详细方案，并与学生处领导开会讨论。最后，方案通过，社工与相关老师（班主任）进行了活动分工与安排，包括宣传、物质准备、邀请领导、现场分工等，保证了活动的顺利进行。

●宣传阶段

采用了两种形式的宣传：一是社工发放活动宣传单张，二是学校领导、班主任老师的宣传和鼓动。

●确认阶段

在活动开始前一个晚上，社工与各位参与活动的老师及工作人员进行了包括时间、物质、场地等在内的筹备情况的确认。

目标达成

由活动的反馈问卷、多方面访谈和社工的观察可知，原定目标基本达成。

●在认识朋辈关系和亲子关系方面

有97%和94%的同学的认识有所提高。在访谈过程中，许多同学表示自己认识了这两种人际关系的重要性，也很愿意分享自己的朋辈关系和亲子关系的情况。

●在正确认识这两种人际关系相处方面

从访谈得知，通过活动短剧的形象演示，同学们可以直观地、正面地认识人际关系中可能存在的矛盾，特别是多方面的相互影响，同时还认识了多种解决和缓和矛盾的方法。

●引导学生正视了自身的朋辈及亲子关系

在活动过程中，已经有学生开始反思自己的朋辈关系和亲子关系了；更有学生表示，短剧的演示就像是他们的真实情况。据此他们认识到了自己是可以通过做很多事情来帮助改进这两大关系的。

本活动除达成原定目标外，还带来了一些其他与社工工作相关的效益：扩大了社工的影响，让更多的领导和老师了解了社工服务，发现了潜在的可跟进个案与小组招募，等等。

内容及形式评估

从内容上看，朋辈关系和亲子关系是每个青少年所拥有和正在经历的，活动主题切合了他们的需求，所以能激发学生的兴趣和热情。

从形式上看，本次活动打破了常规的讲座形式，采用了情景剧现场演示和有奖问答相结合的方式，拓展了学生的参与空间，提高了学生的兴致，深受学生喜爱。大部分学生表示还愿意参加类似的活动。

人员分工

人员：社工、心理老师、班主任及10名学生义工。

分工：社工负责策划、统筹、邀请领导、带领活动、组织学生演员演示、准备场地物质（道具）等，心理老师主要协助带领活动并与班主任联络和沟通，班主任负责组织学生参加并协助维持现场秩序，学生义工负责短剧演示、协助道具准备。

在合作过程中，各参与人员各司其职、互帮互助，保证了活动的有序进行。

参加者表现

学生方面：在活动过程中，学生们认真观看短剧，积极参与互动问答，主动举手分享感受，勇敢地提出矛盾解决办法；现场气氛活跃，学生热情高涨，出现了多个高潮场面。

老师方面：老师们受到了现场气氛的感染，与身边的学生共同参与到讨论环节，而且还鼓励学生举手参与互动。

社工表现

这个活动从开始策划、准备到实施，历时3个月。有足够的时间让社工进行全面的准备，是活动成功的基本条件。社工在学校工作2年多，因而带领活动和面对学生的经验较为丰富。

在活动过程中，社工面带微笑，从容镇定，与学生建立了良好的互动关系，同时运用了讲解、引导、聚焦及回应等技巧，激发了学生主动思考，尊重了他们的分享，重视了他们的感受和反馈。

其他观察

受麦克风数量的限制，在短剧表演时演员们没有用麦克风说话，因而坐在后排的学生没能听清短剧的具体内容，影响了这一部分学生的参与度。由此可见，硬件设施对开展活动有着重要影响。

专业反思

●活动内容的贴切性

朋辈关系和亲子（家庭）关系是对青少年影响最大的两种人际关系。这类活动内容既为学生所熟悉又有实际意义，符合学生的实际需求，可以激发他们参与的兴趣和热情。

●活动形式的新颖性

“现场短剧演示和有奖问答”与传统讲座“讲师讲、学生听”的形式有很大的区别，它不再是单向的灌输，而是双向的沟通，因而能提高学生的投入度和参与度。

●学生群体资源的整合和运用

由学生亲身演绎短剧并通过他们的人际影响力来推动、鼓励他人参与，为学生提供了一个展示自我的平台，不仅是社工充分运用学生自身资源、发挥他们作用和能力的表现，也是社工对同理技巧的实际运用。这种活动形式深受学生的喜爱。

●持续性跟进服务

通过此次活动，社工发现了一些需要后续跟进的学生，并将给予持续性的跟进服务。

●多方合作模式

社工在用人单位工作时，很多时候都是独当一面、独立行动的。实践证明，在活动或其他时候，社工是可以与其他人员合作，建立多方合作工作模式的。例如，跟心理老师合作开展心理健康教育活动，与班主任合作了解学生的情况，与德育部门合作开展活动，等等。很显然，如果社工能运用多方资源，就能更好地提供服务。

附：活动反馈问卷汇总

本次活动发放问卷35份，回收34份，回收率为97.14%。

评分标准：0为最低程度，5为最高程度。

表7.10 活动反馈问卷

反馈项目	0（个）	1（个）	2（个）	3（个）	4（个）	5（个）	4及以上的百分比
1. 你对活动举办时间的满意度	—	1	—	1	7	25	94.12%
2. 你对活动举办形式的满意度	—	1	—	—	7	26	97.06%
3. 你对活动主题和目的的认识程度	1	—	—	—	9	24	97.06%

续表7.10

反馈项目	0（个）	1（个）	2（个）	3（个）	4（个）	5（个）	4及以上的百分比
4．通过活动，你认为自己的投入程度	1	—	—	1	8	24	94.12%
5．通过活动，你意识到朋辈关系的程度	1	—	—	—	8	25	97.06%
6．通过活动，你意识到家庭关系的程度	1	—	—	—	8	24	94.12%
7．对此活动的总体满意度	1	—	—	2	7	24	91.18%
8．下次还愿意参加类似活动的程度	1	—	—	1	6	26	94.12%

续表7.10

9. 你对此次活动还有哪些想法和建议？

（1）很好；

（2）时间太短了；

（3）多准备几个麦克风，声音有点小。

10. 你对未来活动的主题和形式有什么建议？

更多，更精彩的……

服务接受者分享

8.1 分享一：社工与个案学生家长的访谈

社工：小祥这一年来取得了很大的进步，我想这与妈妈的努力是分不开的，对此我感到非常高兴。

家长：我看到小祥这样一点一点地进步，真感觉自己的努力没有白费，同时也非常感谢袁社工，你给予了我很多帮助。

社工：我其实也没帮什么忙，这些改变不都是你自己通过努力做到的吗？我非常欣赏你这份坚持。

家长：其实说真的，刚开始时，做出改变对我来说真的很困难，我也很无助，不知道从哪里下手，幸好有社工你支持我，在我无助的时候教我一些管教孩子的方法，给我信心，对我帮助真的很大。

社工：也感谢你这么信任我，孩子能够获得改变，我也非常高兴。

8.2 分享二：社工与小组学生的访谈

社工：你对刚刚结束的活动感觉怎么样？

学生：我觉得非常开心，我都舍不得走了。我觉得社工姐姐的课与老师的课非常不一样，我很喜欢。

社工：哦？是吗？有什么不一样的地方？

学生：社工姐姐的课不需要写作业，不需要一个一个排排坐，而且有很多游戏给我们体验，很好玩也很轻松，让我认识了很多朋友，我很喜欢。

社工：是吗？社工姐姐看你这么积极投入也很开心。你觉得这次活动给你印象最深的是什么呢？

学生：解决了我很多人际方面的困惑，我觉得在活动中跟大家一起分享如何解决问题这个方式我很喜欢，希望以后还有机会参加。

（说明：分享部分文字为访谈实录）

参考文献

［1］Hong Kong Family Welfare Society. School Social Work Service Manual. Unpublished manuscript.

［2］李晓凤. 学校社会工作. 北京：中国社会出版社，2010.

［3］社会工作者注册局. 社工专业操守的再思——纪律研讯案例汇编. 香港: 香港社会工作者注册局，2009.

［4］张晓园. 农民工子弟学校学生的学习心理状况分析——兼论学校社会工作介入的必要性（以T学校为例），（未出版）2008.

［5］全国社会工作者职业水平考试教材编写组. 社会工作综合能力（中级）. 北京: 中国社会出版社，2007.